頂《いただき》を目指して

石川祐希
Yuki
Ishikawa

徳間書店

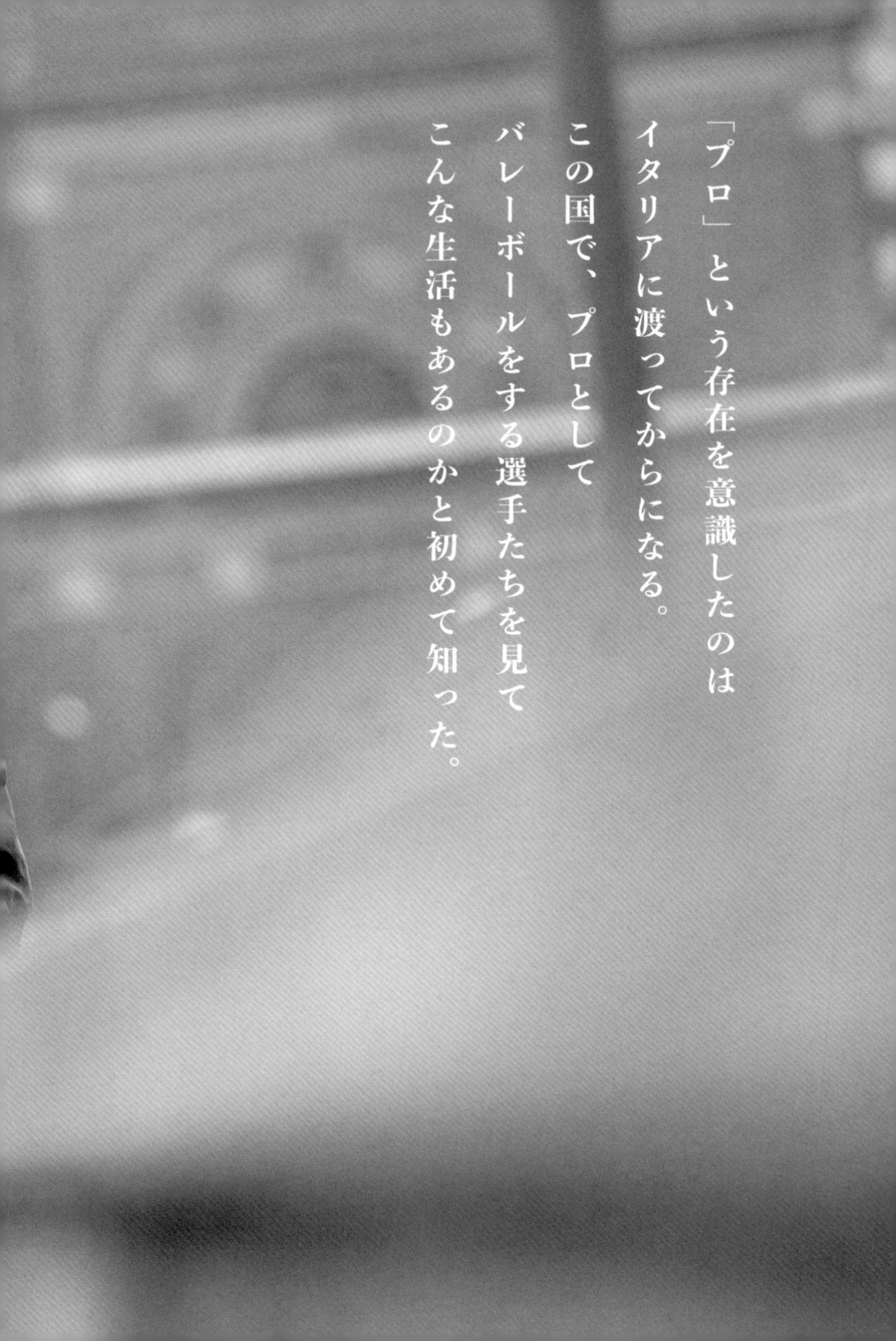

「プロ」という存在を意識したのは
イタリアに渡ってからになる。
この国で、プロとして
バレーボールをする選手たちを見て
こんな生活もあるのかと初めて知った。

CELLULARE SCARIC
NOLEGGIA UN POWERBA

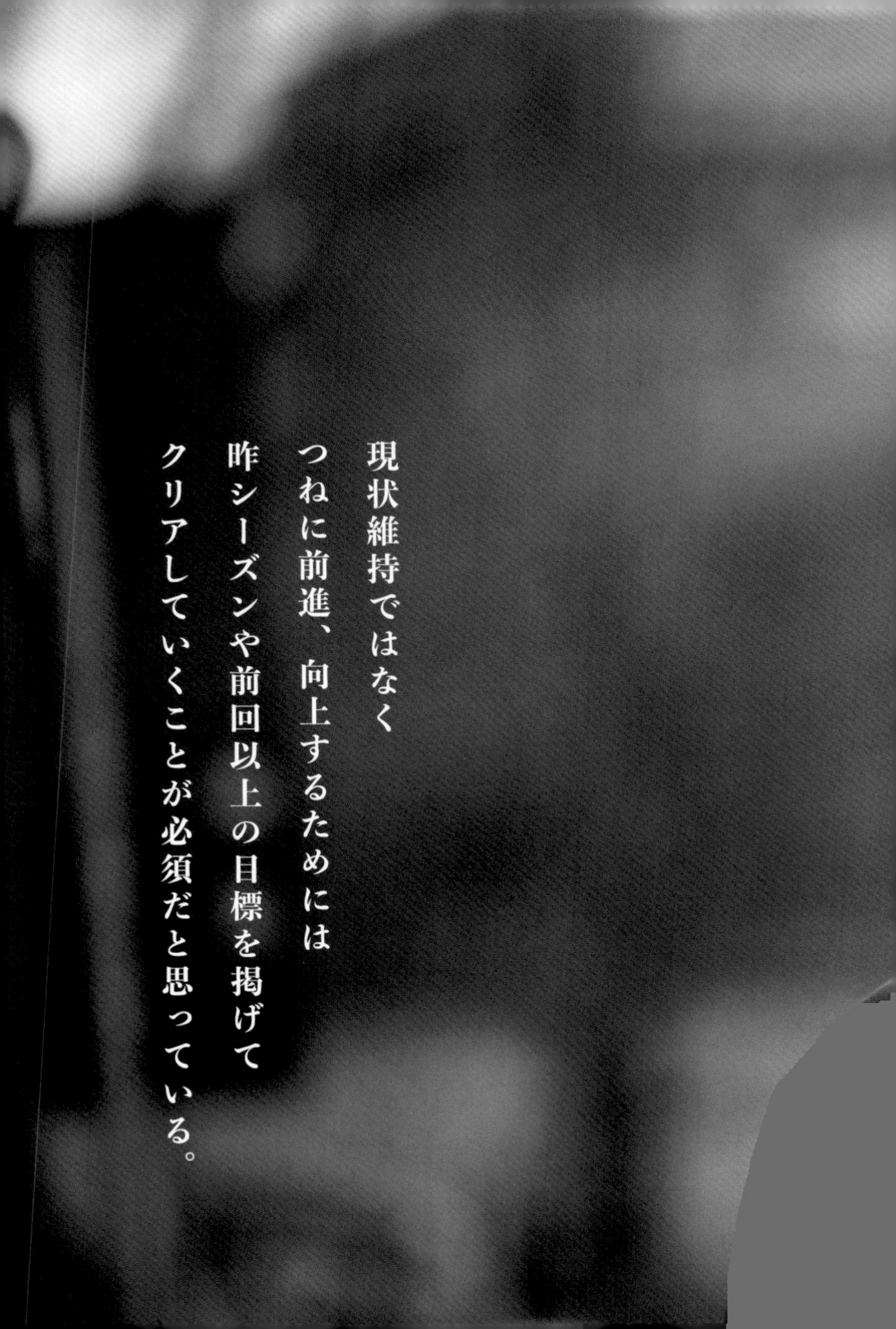

現状維持ではなく
つねに前進、向上するためには
昨シーズンや前回以上の目標を掲げて
クリアしていくことが必須だと思っている。

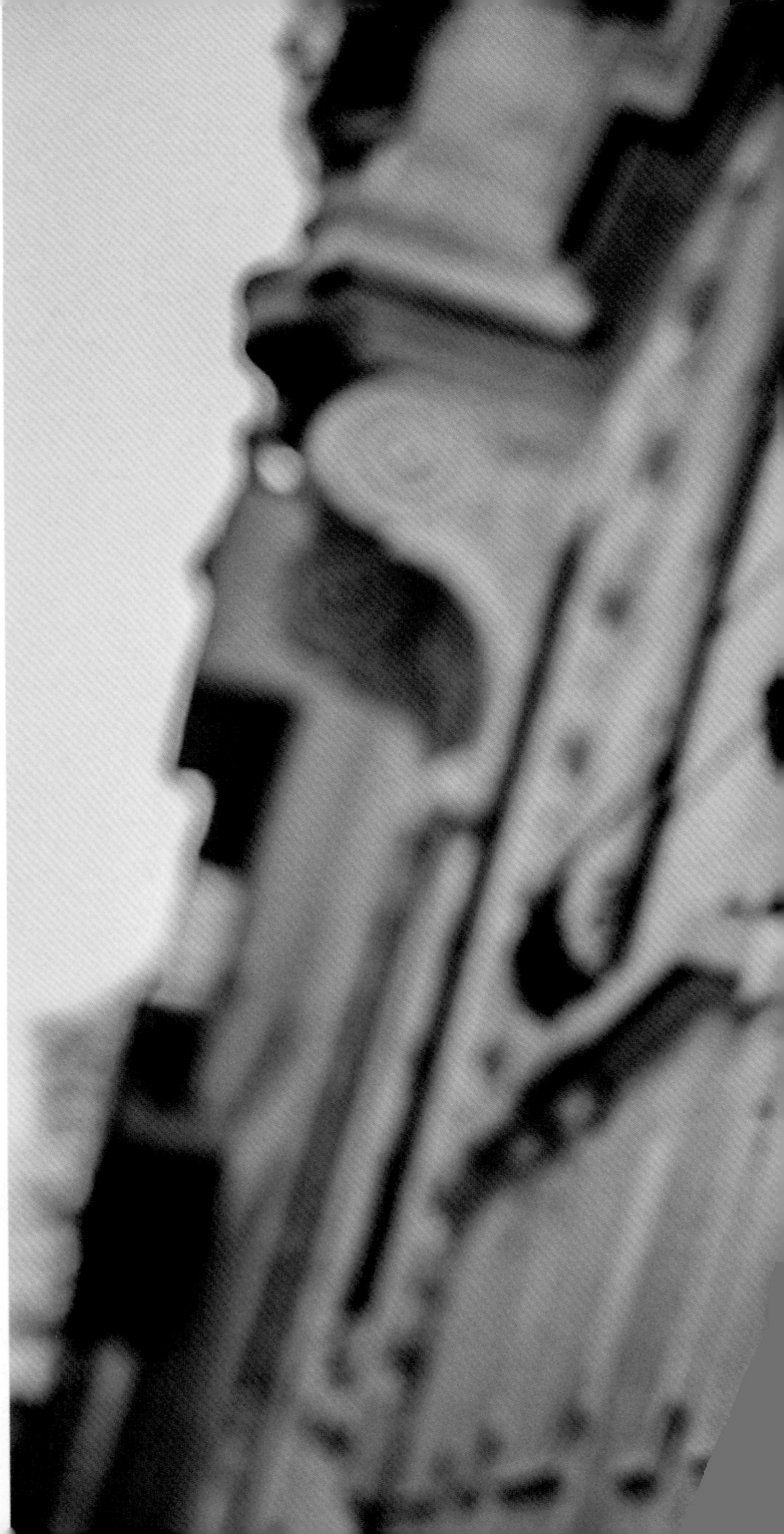

CREDEM BANCA
CREDEM BANCA

イタリアへきたころは見上げていた選手たちと
今は肩を並べられているという自信がある。

8
14
enercom

ISHIKAWA
Allianz
14
16
Allianz

Milano
Allianz
Allianz
Allianz
Allianz
Allianz
Allianz
Allianz

Milano
Allianz
Lombardia
14

14
Allianz

V200W

errea
14
Allianz
NOMURA
TRAMPER

人生は一度きりだ。

正しい、正しくないではなく
やりたいことをやろう。
そのために自分はどうあるべきかを考えながら。

たとえその道が苦しい道だったとしても
自分で決めたのならば
自分で道を選択しながら進むこともできる。

ISHIKAWA
14

2023.9.30　TAKAHISA HIRANO／龍神 NIPPON-Road to the Paris 2024

2023.10.3　TAKAHISA HIRANO／龍神 NIPPON-Road to the Paris 2024

2023.10.3　TAKAHISA HIRANO／龍神 NIPPON-Road to the Paris 2024

JPN
イモトのWiFi
14

2023.10.3　TAKAHISA HIRANO／龍神 NIPPON-Road to the Paris 2024

JPN

2023.10.4　TAKAHISA HIRANO／龍神 NIPPON-Road to the Paris 2024

MIKASA
ROAD TO PARIS VOLLEYBALL QUALIFIER
PETROL
nine

2023.10.7　TAKAHISA HIRANO／龍神 NIPPON-Road to the Paris 2024

2023.10.7　TAKAHISA HIRANO／龍神 NIPPON-Road to the Paris 2024

自分がイメージするプレーをできるように。
大事な試合でケガをしないで、すべての力を発揮できるように。
どんな準備をするのかがいちばん大切だと思っている。

SIR
SUSA
VIM
PERUGIA
GLS.
Servizi Associati
adrenalina
FRIA
CAPRICORNO
ecosuntek
OMG
MESCOLATORI
14
SIR
SUSA
VIM
CONAD
MIKASA

プロローグ

あと1点。

目指したパリオリンピックの出場権獲得は、今、目の前に迫っていた。

2023年10月7日、FIVBワールドカップバレー パリオリンピック予選の日本対スロベニアの試合。

満員の国立代々木競技場第一体育館で、僕はサーブエリアに立った。

エンドラインから6歩、どんなときも平常心でサーブを打つためのルーティンだ。

何が何でも自分で決めてやろうとか、この1点ですべてが決まるといった余計な気負いはない。

これまで数え切れないほどに練習を重ねてきた。

いつもどおり、いいトスを上げて、しっかりジャンプして、「ここ」というポイントで打つ。どんな状況でもベストサーブを打つことだけを心掛けて、僕はサーブのモーションに入った。

2セットを日本が連取して迎えた第3セット、24対17。

この試合を日本がセットカウント3対0で勝てば、パリオリンピック出場が決定する。

絶対にストレート勝ちをしなければならない、ストレート勝ちで決めたい、という思いの強さが裏目に出て、前半は苦戦を強《し》いられた。

でも、第1セット中盤で同点に追いつくと、一気にムードと流れが変わる。

それぞれがいつもどおり、劣勢からもやるべきことをやって、得点を重ね、念願のストレート勝ちまであと1点。

点差の余裕もあり、僕は思い切って得意なコースをめがけてサーブを打った。

結果は、わずかにアウト。

エンドラインをオーバーして、24対18。自分のサーブで勝利を決めることはできなかったけれど、僕はまったく気にならなかった。

「いいところを見せてやろう」とか「主役になりたい」という思いはまるでない。

チームとして勝つために、最善を尽くす。

スロベニアのサーブからのマッチポイントも、自分で決めたいと考えることなく、自分のところにサーブがきたら、攻撃につなげられるようにサーブレシーブを返す。

ただ、それだけを考えていた。

会場で見ていた1万人を超えるファンの方々や、テレビの前で応援してくれていた方々は、あの瞬間をどんな思いで見ていたのだろう。

最後の1点を誰が決めるのか。どんなかたちで日本が25点目を獲《と》るのか。

長く応援して下さっている方のなかには、もっといろいろな思いが込み上げていた方もいたかもしれない。

想像もできないほどたくさんの方々の注目が集まるなかでの最後の1点は、スロベニアのサーブが日本のエンドラインを大きく割り、サーブミスでの25点目。

ラインをオーバーするところまでしっかり見届けて、僕は勝利を確信した。

「やったー!!」

ベンチのフィリップ・ブラン監督や、スタッフ陣、アップゾーンでずっと声を出し続けていたリザーブの選手たちが一気に駆け寄り、コートへなだれ込んでくる。

まさに割れんばかりの会場の大声援も聞こえた。

ガッツポーズをしながらコートを1周する選手や、同じポジションの選手同士で抱き合う姿も見えた。

それぞれがそれぞれのかたちで喜び合う光景を見て、僕は心の底から思った。終わった。僕らはオリンピックの出場権を手に入れた。勝ったんだ。

2023年のシーズンが始まるときからずっと、僕たち男子バレー日本代表にとっていちばん大きな目標、最大のターゲットが、パリオリンピックの出場権を獲得することだった。

6月から7月まで開催されたネーションズリーグで3位になり、初めて銅メダルを獲得したときも、8月のアジア選手権で3大会ぶりに優勝してアジアナンバーワンになったときも嬉しかったけれど、心の中では「まだまだ、オリンピック予選がある」と全員が思い続けてきた。

そして、そこで勝つための準備もしてきた。

ところが、万全の状態で臨《のぞ》むために日々過ごしてきたにもかかわらず、僕はアジア選手権を終えてから腰痛を発症してしまった。

9月30日、パリオリンピック予選が始まる。大会直前から、大会が始まってからも、ベストコンディションには程遠い状態だった。

けっして焦《あせ》る気持ちがあったわけではない。でも、初戦はフィンランドに2対0とリードしながら追い上げられ、辛《から》くもフルセット勝ち。翌日のエジプト戦も2対0から追い上げられ、フルセットで逆転負けを喫した。

3戦目のチュニジア戦でようやく3対0、そこからはトルコ、セルビアという難敵相手にもストレート勝ちを収めることができた。

それでも油断はしなかった。最後の最後まで何が起こるかわからない。1点や1セットが重要になるのがオリンピック予選だ。

つねに極限まで緊張感を高め続けてきたこともあり、スロベニアにストレートで勝った瞬間、僕の中に溢《あふ》れたのは爆発的な喜びではなく、目標を達成できたという安堵《あんど》だった。

感情が込み上げたのは、西田有志《にしだゆうじ》選手の涙を見たときだった。

コートの中でいつも熱くプレーして、誰が獲った1点でも全力で喜ぶ。そんな西田選手の涙を見たら、思わず僕ももらい泣きしてしまった。

振り返れば高校時代や大学時代も、日本一になったときや負けてしまったあと、いつも誰かの涙にもらい泣きしている。

オリンピックの出場権を獲得したら泣くだろうなとは思っていたけれど、やはりここでももらい泣きしてしまった。

キャプテンとして、最初にコートインタビューへ呼ばれた。

オリンピック出場権を手に入れた、今の気持ちを聞かせて下さい、と言われ、僕はありのままの思いを言葉にした。

「目標を達成したので、すごく嬉しいです。最高のメンバーで、自分たちの強さを証明することができました」

話しているうちに胸が熱くなって、また、涙が込み上げた。

僕はいつだってバレーボールが大好きで、バレーボールをしているだけで楽しいけれど、目標を成し遂げることができたこの喜びは、何物にも代えられないぐらい最高のものだった。

振り返れば、僕が日本代表選手に初めて選ばれ、プレーしたのは2014年。

当時はまだ中央大学の1年生で、日の丸やオリンピックの重みなど、まるでわかっていなかった。

自分よりも年上の先輩たちに囲まれて、何をすればいいのか、この大会がどれぐらい価値があるものなのかもきちんと理解しないまま、ただ全力で自分のいいパフォーマンスを発揮するために必死だった。

1つずつ、目の前の試合を戦うなかで、アジア大会、ワールドカップ、世界選手権など、いろいろな経験を重ねてきた。

2016年にはリオデジャネイロオリンピック出場に向けて予選に出場したけれど、勝つことはできず、8月にブラジルで開催された大会を現地で見て、僕は初めてオリンピックのすごさを知った。そして、そのとき初めてこう思った。

「オリンピックに出たい。出て、ここでメダルを獲れるような選手になりたい」

5年後、1年の延期を挟んで2021年に東京オリンピックが開催された。

僕は日本代表のキャプテンとして東京オリンピックのコートに立ち、目標だったベスト8進出は果たした。でも、時はコロナ禍《か》で、大会は無観客での開催だった。

オリンピックはどれほど熱狂する舞台なのか。僕はまだ、満員の観客が押し寄せるオリンピックのコートに立った経験がない。

日本代表に選ばれた2014年、初めてイタリアのモデナに入ってセリエAを知り、バレーボールがこれほど熱狂するスポーツなのかということを現地で実感した。

そして、大学在学中の2016－2017シーズンと、2017－2018シーズンはラティーナ（現チステルナ）で、大学卒業後、2018年からはプロになり、シエナ、パドヴァ、ミラノとイタリアで9シーズンを過ごしてきた。コッパ・イタリアや、セリエA1リーグのプレーオフ（リーグ戦上位8チームによる優勝決定戦）。熱気に満ちた大舞台で、最高のパフォーマンスをする喜びも味わった。

1つずつステージが上がるたび、「次はこうなりたい」「こうしたい！」と新たな目標を立て、最大限の努力をして叶《かな》えてきた。

バレーボールを始めた小学生のころは、「日本代表になりたい」と考えたこともなく、オリンピックにも興味はなかった。ただ大好きなバレーボールを全力で楽しみ、そのときどきの、さまざまな「頂《いただき》」を目標として、それを超えてきた。

そして、もう間もなくパリオリンピックが開幕する。

2024年7月、僕は「世界の頂」を目指すコートの上で、どんな思いを抱くだろうか。この本は、そんな〝今〟につながる物語だ。

石川祐希

頂《いただき》を目指して　目次

第3章 星城高校での3年間

第4章 コート内外で広がる世界

第5章　プロとしての生活

第6章　日本代表に選出されて

第9章　頂の景色を求めて

第1章

世界最高峰のリーグで

イタリアセリエAの舞台

僕は今、イタリアにいる。

バレーボール選手として、この国で9シーズンを過ごしてきた。ミラノのチームには2020年から所属し、4シーズン所属した。

ミラノはイタリア国内に限らず世界的な大都市で、歴史のある建造物やハイブランドのショッピングエリアはもちろん、世界的観光地としても有名な街だ。

そして、暮らすにもとても便利で、今の僕にとって、世界一好きな場所、といっても過言ではない。

振り返れば、バレーボールを始めたころはもちろん、高校時代に六冠を成し遂げたときですら、将来自分がイタリアでプレーする、しかも、1シーズンだけでなく9シーズンもプレーするなどとは考えもしなかった。

イタリアのセリエAは、世界最高峰リーグの1つといわれていて、実際に世界各国の代表で主軸を担うトップ選手たちが集まるリーグだ。

Ａ１、Ａ２、Ａ３、Ｂ１、Ｂ２とステージが分かれ、ミラノはセリエＡ１に属する。

チームメイトには、イタリア代表選手はもちろん、アルゼンチンやキューバの代表選手もいて、年齢の幅も広い。

みんな親切で気のいい仲間ばかりで、とても素晴らしいクラブであり、快適な環境で、僕は好きなバレーボールを存分に楽しみながら、プロ選手として結果を求めて生活している。


プロになったのは２０１８年だった。

バレーボールは、日本国内にはプロリーグがない。

プロ野球やサッカーのＪリーグ、バスケットボールのＢリーグとは異なり、なかにはプロ契約選手もいるが、ほとんどがチームの親会社である企業に所属する社会人選手だ。

もちろん、みんなバレーボールを生業《なりわい》としているので、結果を求め、精進していることに変わりはない。

でも、イタリアはプロリーグであり、そのなかでも世界最高峰と謳《うた》われている。

集まる選手は全員がプロで、選手ばかりでなく監督やスタッフたちもスペシャリストがそろう刺激的な環境だ。

そのミラノで、僕はゲームキャプテン（コートキャプテン）として、臨時のキャプテンマークをつけ、コイントスをして、試合後には公式記録にサインもする。

ミラノのキャプテンはマッテオ・ピアノ。今年34歳になるミドルブロッカーで、僕がイタリアに渡った1年目、モデナにも在籍してチームメイトとしてすごした。そして、イタリア代表でもプレーした選手だ。

2016年のリオデジャネイロオリンピックで銀メダルを獲得したときのメンバーの1人で、経験も豊富。チームにとって兄貴のような存在であるだけでなく、監督と選手をつなぐキャプテンでもある。

彼が2024年2月に手術をすることになり、試合出場から遠ざかった間、代わって僕がゲームキャプテンを務めることになった。

試合前にサーブから始めるか、レシーブから始めるか。さらに、コートは右か左かを選ぶコイントスや、試合後の公式記録にサインをすることに加え、バレーボールでは判定に疑問が生じたときにチームを代表して審判と話ができるのは、実はキャプテンだけだ。

今のピアノのように、キャプテンがコートへ立っていない場合は、ゲームキャプテンを臨時で立てる。当然ながら、コートに立つ時間が長く、チームの主軸として認められた選手が選ばれる。

うぬぼれではなく、そのポジションに立つのがふさわしいと評価されたことを、僕は素直に嬉しく思っている。

目標設定の立て方

振り返れば、僕のイタリアでのシーズンがスタートしたときは、期間が限られた、とても短期間での挑戦だった。

２０１４年12月、当時は中央大学の1年生で、イタリア語も英語もろくに話せない状況だった。

そんな僕のところに「モデナでプレーしないか」という話がきた。

そのときの中央大学バレーボール部監督の松永《まつなが》理生《りお》さんから、「どうする？」と打診され、僕は「行きます」と即答したことを覚えている。

最初はたった3カ月ではあったけれど、刺激的な日々を経《へ》て、2年後の2016年には同じイタリアのラティーナへ加入した。

翌年も同じラティーナでプレーして、中央大学を卒業した2018年の4月、僕はプロ選手になり、その年にセリエA2からA1に昇格したばかりのシエナでプレーした。シエナは街自体が世界遺産という、とても美しい場所だ。

チームメイトには長年イラン代表をキャプテンとして牽引《けんいん》したセッターのサイード・マルーフもいた。

学生時代とは異なり、本格的にバレーボールを職業とするプロ選手として意気込んでいたけれど、結果は13位（当時は全14チーム）に終わった。

それでも出場機会が増え、個人的には結果を残すことができて、2019年にパドヴァへ移籍することになった。

過去には元日本代表の越川優《こしかわゆう》さん、のちに同じ日本代表で活躍する髙橋藍《たかはしらん》選手も所属するチームで経験を重ねて、2020年に僕はミラノへ移籍した。

プロだから、というわけではなく、僕は必ず毎年目標を立ててシーズンを迎える。その目標は具体的な成績であることもあれば、自分のプレー、技術的な部分に目を向けることもある。

具体的にいえば、その前年のクラブシーズンや日本代表の試合でもジャンプフローターサーブに対するサーブレシーブが課題だったときは、イタリアのクラブシーズンを戦う上でもサーブレシーブを第一に意識した。レシーブばかりでなく、前衛からの攻撃力を向上させることに注力したシーズンもある。

ミラノに来てからは、確実に掲げる目標とステージが1つ上がったことを実感している。

僕が移籍したとき、ミラノはA1の12チームの中では、上位争いをすることもあるけれど常時トップ4に入るようなクラブではなかった。

当時はペルージャ、モデナ、トレント、ルーベが「四強」「トップ4」と呼ばれ、リーグ戦やイタリア国内のカップ戦であるコッパ・イタリアや、イタリアだけでなく欧州各国のリーグで上位に入るクラブが参戦するヨーロッパチャンピオンズリーグで優勝争いを繰り広げていた。

移籍した当時は、ちょうど同じ年から世界的大流行が始まった新型コロナウイルスの影響もあり、イタリアはロックダウンされ、外出もできなかった。

少しずつ状況が改善され、無観客で試合が行われるようになっても、チーム内に陽性者が出れば突然試合が中止になることもあった。

ストレスのたまる状況ではあるが、自分がコントロールできないことに苛立《いらだ》ちを抱えていても意味がない。むしろ、少しずつ緩和され、観客が戻り、それまでの日常が戻ってきたときは、当たり前にできることへの感謝をあらためて感じるようにもなった。

そして、クラブとしての成績も年々ステップアップを遂げた。

移籍初年度の2020−2021シーズンは6位。コッパ・イタリアでもベスト8だった。イタリアだけでなくヨーロッパ各国のチームと戦うCEVチャレンジカップで優勝することができた。

パドヴァにいたときよりも着実に順位を上げ、アウトサイドヒッターとしての出場機会も増え、個人としての成績も残していった。

当然、そうなれば次のシーズンに掲げる目標も上がっていく。2年目の2021−

２０２２シーズンは、レギュラーラウンド5位、コッパ・イタリアではこの年もベスト4だった。

そして、２０２２－２０２３シーズン。プレーオフに進み、初戦は首位のペルージャと対戦。数字だけを見れば圧倒的不利と見られるなか、３勝２敗、劇的な勝利でチーム史上初のベスト４へ進出した。

僕自身もこの試合でチーム最多得点をたたき出すことができて、勝った瞬間は子どものように走り回って喜んだことをハッキリと覚えている。

リーグ戦だけでなく、コッパ・イタリアも同じくベスト４へ進出した。

準決勝ではトレントを相手に2セットを連取し、決勝進出まであと1セットとなった。勝てるという手ごたえを感じていた矢先、アクシデントが生じた。

左の内転筋に痛みが生じ、違和感を覚えた。

3セット目に腿の内側がつり、ベンチに下がり治療を受けた。そして、５セット目に再びコートへ戻った。

痛み自体もかなりあって、出場し続けるのは難しいと思ったけれど、大事な試合だ。僕は無理をしてプレーを続けたけれど、やはりダメだった。

でも、リザーブエリアに行くのではなく、僕はベンチに座ってタイムアウト時やセット間、選手が集まってくるときには必ずいちばんに声をかけ、最後にも声をかけて選手たちを送り出すように努めた。

もちろん、そのようにしたのには理由がある。準決勝に勝利して、決勝も制し、タイトルを獲りたかったからだ。しかし、トレントはイタリアのトップクラブの1つだ。そう簡単には勝たせてくれない。

僕が抜け、それまでつくってきた形が崩れて自滅していくミラノに対して、トレントは38歳の大ベテランで、かつてブルガリア代表のエースとしても活躍し、翌シーズンにはミラノでチームメイトになるマテイ・カジースキが大活躍。

結局、逆転負けを喫したミラノはベスト4でコッパ・イタリアを終えた。

リーグのプレーオフ、準決勝はその逆転負けを挽回する絶好の機会だった。相手は格上のルーベだ。

先に3勝したチームが上がるプレーオフで、ペルージャとの準々決勝と同様に、2勝2敗で第5戦まで持ち込んだ。勝ったほうが決勝進出を果たす一戦だったが、残念ながら僕たちは最終戦に勝利することはできなかった。

その後、３位になれば翌年のチャンピオンズリーグへの出場権も得られたけれど、もう力は使い果たしていた。

チームは新たなターゲットに向けて切り替える余力はなく、結果は４位。

あと一歩がんばればもう１つ上に行けた、という実感が得られただけに、ミラノでの４シーズン目はこれまで以上に目標は明確だった。

昨シーズン敗れた準決勝を突破し、決勝へ進むことだ。

現状維持ではなく、つねに前進、向上するためには、昨シーズンや前回以上の目標を掲げてクリアしていくことが必須だと僕は思っている。

何より「行けるかな」「行けるといいな」ではなく、「行ける」という自信もあった。

だからこそ、より具体的なイメージを立てて臨んだほうがクリアしやすいし、トライしがいがある。同じように「ベスト４を目指す」という言葉でも、昨シーズンよりも明らかに本気度が増した。

ミラノはまぎれもなく強豪チームになり、その中心でプレーできている実感と手ごたえを得ている。

世界ナンバーワン選手の条件

思い返せば2016年7月、ラティーナと契約してイタリアへ渡るとき、中央大学で記者会見を開いていただいたことがあった。

イタリア語は覚えたか、ラティーナはどんな印象があるかなど、いろいろな質問を受けたが、「どんな選手になりたいか」と問われ、僕はこう答えた。

「世界ナンバーワンのアウトサイドヒッターになりたいです」

正直にいえば、当時はまだまだ遠い目標だと思っていた。

それも当然だ。なぜなら、あのころの僕は、イタリアリーグがどんな場所で、どんな選手がいるのか、どういう仕組みで戦っているのかということを、モデナでの3カ月を経験して、ようやく少しだけわかったという段階だった。

日本代表でもまだまだ年齢が若く、経験も浅かった。

「世界ナンバーワン」がどれぐらいなのか、というのも具体的には理解できていなかった。

ただ、漠然としたイメージはあった。

当時のフランス代表でエースとして活躍、セリエＡのモデナでもプレーしていたイアルヴァン・ヌガペト。

そして、ポーランド代表でキャプテンを務めた経験もあり、日本のＶリーグ、パナソニックでも活躍したミハウ・クビアク。

抜群のテクニックをもつ彼らは、どちらも身長が高い選手ではない。

ガペ（ヌガペトの略称）は１９４センチ、クビアクは１９２センチ。

１９２センチの僕とさほど差はなく、世界的に見るとむしろ小さい部類に属する選手たちだ。

もちろん、１人の選手としてあのテクニックや存在感に憧れ、映像を見て「いいな」と思うプレーを真似《まね》していた、いわばお手本ともいうべき選手ではある。

でも、なぜ彼らを世界ナンバーワンと思うのかを自問自答すると、クラブでの活躍はもちろん、ガペはフランス代表として東京オリンピックを制した経験が、クビアクにはポーランド代表として世界選手権を連覇した経験がある。

つまり、２人はチームを世界一に導いているのだ。

しかも、そのチームでエースとして活躍し、チームの中心選手としての、役割を果たした。

僕にとってはまさにそれこそが、世界ナンバーワン、という称号にふさわしい選手の条件だと思っている。

最近でいえば、ポーランド代表でイタリアのペルージャに所属するウィルフレド・レオン。

同じくポーランド代表で2020－2021シーズン、チャンピオンズリーグを制したポーランドリーグの王者、ザクサでプレーするアレクサンデル・シリフカ。

ブラジル代表でイタリアのピアチェンツァでプレーするリカルド・ルカレッリ・ソウザ。

彼らは「世界ナンバーワンのアウトサイドヒッター」といわれるべき選手だと思っている。

1つのプレーだけでなく、オフェンスもディフェンスもすべてのプレーが求められるアウトサイドヒッターというポジションで、ある部分だけに長《た》けていても世界一とはいえない。

名前を挙げた選手たちはみんな、攻守のバランスがすぐれている。

そのうえで、たとえばレオンならば、サーブが間違いなく世界一だ。シリフカはスパイク技術が抜群だし、ブロックも含めて得点をもぎ取る力はルカレッリも秀《ひい》でている。

彼らのなかで「この人がナンバーワン」と定めることはできないけれど、全員に共通しているのは、ガペやクビアクと同様に、クラブや代表でチームを世界一に導いている、という事実だ。

世界ナンバーワンのアウトサイドヒッターになりたい、と漠然と口にしていたころは、何が世界ナンバーワンかよくわかっていなかった。

でも、今は明確な条件があることを理解している。

クラブとして、日本代表として、世界一になり、結果で証明すること。

イタリアへきたころは、見上げていた選手たちと、今は肩を並べられている自信がある。

頂を超えるか、超えないかは自分次第。その力は、十分についてきたと、実感している。

今の自分の最大の強み

２０２３年10月のオリンピック予選で、パリオリンピックの出場権を獲得した。日本代表の活動を振り返れば、ネーションズリーグでは銅メダルを獲り、その後アジア選手権では優勝した。

結果を出せば評価もついてくる。そして当然、期待値も上がる。メダルを獲れば、周りから「次はもっといい色のメダルを」と言われるのは当然のことだ。

僕たち選手も掲げる目標は、すでに叶えたものよりも上を見て設定する。そうしなければ、成長にはつながらないと思っている。

クラブでも同じだ。

プロは結果の世界。毎年異なるクラブでプレーする選手もいれば、複数年契約を結び、同じクラブでプレーし、そのチームの顔ともいうべき選手もいる。

基本的に僕は変化を求めるタイプだが、この数年はミラノでプレーすることを選んでやってきた。

毎年少しずつ、達成する目標や成績も上がり、2023－2024シーズンもコッパ・イタリアでベスト4、レギュラーラウンドが6位でプレーオフにも進出した。

だからこそ、この頂をいかに超えるかにフォーカスしてきた。


2023－2024プレーオフ初戦は3位のピアチェンツァと対戦した。

初戦からフルセットになり、最終セットも勝負所でセッターのパオロ・ポッロから僕へトスが託された。

この1点を取り切れば、チームは一気に乗る。渾身《こんしん》の力で放った1本がブロックされ、心の中では「クソ」と思いながらも、次のプレーに意識を向ける。サイドアウトを取り、サーブ順が巡ってきた。

ブロックに止められた悔しさを晴らすべく、「このサーブで絶対に点を獲る」と放ったサーブがサービスエースになり、5セット目を制してフルセットで初戦を勝利することができた。

レギュラーラウンドと異なり、短期決戦のプレーオフはどちらに転ぶかわからない。

勝利を引き寄せるための要素はいくつもあるけれど、近年のバレーボールを語るうえで、勝敗のカギになるもっとも大きな要素はサーブではないかと考えている。

各クラブには〝ビッグサーバー〟と呼ばれる、強烈なサーブを放つ選手が1人でなく、2人、3人とそろう。

しかも、試合の最初から最後まで攻め続けるだけでなく、勝負を決めるここぞという場面で最高のサーブを打つ力をもっている。

そのようなサーブを打つには、日頃の練習にいかに高い意識をもって臨むかがポイントになる。

トスやボールヒットのタイミングといった技術面はもちろん、集中力や、どんな状況でも揺らがず平常心でいられるメンタルも必要だ。

今まで何度も勝負を決する場面で、サーブが回ってきた。

いいサーブを打ち、狙いどおりに相手チームを崩したり、サービスエースで得点したりしたシーンがある。

逆にネットにかけてしまったりアウトしたり、ミスをしてしまって、「あのサーブが決まっていれば」と悔やんだ1本もある。

そして、その１つひとつの経験が、今の僕の最大の強みでもある。

昨シーズンは超えられなかったベスト４の頂を超え、決勝進出を果たす。

そう掲げた目標は、セミファイナルでペルージャに敗れ、叶えることができなかった。３位決定戦に勝利して昨シーズンより１つ順位を上げたとはいえ、決勝に行く自信と手ごたえがあっただけに、悔しさは消えない。

もっと上のステージに行くために。

重ねた経験と、これから新たに加わっていく経験が、世界の頂点へとつながる力になると信じている。

第2章

バレーボールとの邂逅《かいこう》

人生初のスパイク

バレーボールとの出会いは、小学3年生のときだ。

1歳年上の姉が「バレーボールをやりたい」と言ってすでにクラブに入っていて、その練習へついていったことがきっかけだった。

もともと父は陸上競技の選手で、母はバスケットボールの選手。どちらも実業団まで進んだ本格派だが、僕自身も運動自体が大好きだった。

子どものころは走るのも速くて、運動会の徒競走やリレーでは、ヒーローになれるタイプだった。

そして何より授業の合間の休み時間になると、校庭でドッジボールをするのが楽しみで、休み時間に入る前から、「俺がいちばん最初にボールを持って外に出るぞ」とウズウズしていた。

サッカーもバスケットボールも好きだったし、バレーボールをするよりも前は少年野球のチームにも入っていた。

姉がバレーボールを始めたからといって、自分も一緒にと思うことはなかった僕に、

「やってみたら？」

と声をかけてくれたのが、僕が通う愛知県岡崎市立矢作南《やはぎみなみ》小学校のバレーボール部の監督だった。

コーチは、監督の奥さん。体育館の外にフラフープを並べて、

「バレーボールのスパイクを打つときには、こうやってステップをするんだよ」

と教えてくれた。それまでスパイクなんて打ったことはなかったけれど、ステップは練習すればすぐにできるようになった。

ちょうどその日は練習試合の最中で、監督は、

「メンバーチェンジ！」

と言っていきなり僕をコートに入れてくれた。

ポーンと上がってきたボールに対して、習ったばかりのステップをして、ジャンプして打った。すべて見様見真似だったけれど、意外と最初からうまくできた。

人生で初めてのスパイク得点を決めた僕は、１本か２本プレーしただけで終わったけれど、最初から失敗せずにできたこともあって、バレーボールに対して良い印象を

もった。

本格的にバレーボール人生がスタートしたのはその翌年、小学4年生の春だった。最初は何げなく姉のクラブで、「やってみたら」と言われて打っただけだったし、その後は体育の授業で楽しむ程度だった。

なのに、なぜバレーボールを選んだか。

答えは単純だった。

矢作南小学校は、4年生になったら全員が何かしらのクラブ活動に入らなければならなかったからだ。

いろいろな選択肢があるなか、何部に入るか。迷ったのは、バレーボールとバスケットボールだ。

母は結婚して僕たちを産んでからも、趣味としてママさんバスケットボールのクラブに入っていた。

だから、母についてバスケットボールの練習にも何度も行っていて、バスケットボールをやってみようかなと思ったこともある。何より楽しさを知っていた。

「何部に入る?」

一緒に少年野球のチームに入っていた友達に相談した。バスケか、バレーか。迷っていたけれど、僕たちはバレーボールを選んだ。

あのとき、なぜ、僕はバレーボールに決めたのか。振り返ってもよく覚えていない。でも、迷いながらも心のどこかで決めていた気がする。

なぜなら、僕はもともと何かを決めるときには「こうしたい」という意志を根っこにもっているタイプだからだ。

とはいえ、1人で「こうする」と決めるには自信がないから、仲の良い子に「どうしようか?」と相談しながら、「バレーにしない?」と、自然にもっていったような気がしている。

もう1つ、僕がバレーボール部を選んだ理由があるとしたら、当時の矢作南小バレーボール部が強かったからだ。

正直にいうと、小学生のころの僕は、「将来バレーボール選手になりたい」と思ったことなど一度もなかった。

そもそもバレーボール選手が職業としてあることも知らなかったし、日本代表が出場するバレーボールの国際大会や、日本国内のVリーグの試合も見たことがなかった。

大人になって日本代表になった今では、バレーボールの国際大会がテレビで放送されて、たくさんの人に知ってもらう機会が与えられていることは、本当に恵まれていると心から感謝している。

でも、当時の僕は、バレーボールがテレビ中継されていることも知らなかったから、当然、バレーボールを見ることもなかった。

そんな僕でも、自分の小学校のバレーボール部が全国大会にも出場するような強豪チームだということは知っていた。

あのころは周囲に流されるままにやっていただけだったけれど、もしかしたら、やるならば強いチームでやってみたいという思いも、心の中には芽生えていたのかもしれない。

頭を使って点を獲る

初めて全国大会に出場したのは、バレーボールを本格的に始めた年だった。

小学4年生の夏に、僕は全日本バレーボール小学生大会に出場した。

出場といっても、まだ当時はバレーボールの練習をスタートさせたばかりで、何ができるというわけでもなかった。

それでも、ユニフォームをもらって、ベンチに入るだけで楽しかったし、当時のチームの小学6年生にはバレーボールの上手な選手がそろっていた。

先輩たちの活躍で予選リーグを勝ち進み、決勝トーナメントへ進出した。

準々決勝で負けてしまったけれど、全国大会でベスト8に入る姿を見て、純粋に「いいな」と思ったことは、今でもよく覚えている。

徒競走やリレーだけでなく、基本的に当時の僕は何でも「一番になりたい」という欲が強かった。負けず嫌いだったのも間違いない。

始めたばかりのバレーボールもその延長線上にあった。だから、ごく自然に「勝ちたい」とか「一番になりたい」と思っていた。

とはいえ強豪チームだ。練習はほぼ毎日あったし、土日や夏休み、春休みには愛知県外にも遠征に行っていた。

練習で求められることも厳しくて、泣いてしまったこともあった。

当時のチームには、のちに星城《せいじょう》高校でも一緒に戦うことになる中根聡太《なかねそうた》もいて、

チームメイトは仲が良かったけれど、なかには厳しい練習が嫌になり、「もうやめたい」と言う子もいた。そんな同級生を、

「もっと一緒にがんばろうよ」

と説得したこともあった。子どもながらに大変なことは多かったけれど、それでも強いチームでバレーボールができることが僕は楽しかった。

振り返れば、小学生のクラブで教えてもらった基礎練習から学んだ技術は、今につながるものもたくさんある。

たとえば、アンダーハンドやオーバーハンド、パスの1つひとつもそうだし、スパイクの打ち方もそうだ。

チームの監督やコーチにもたくさんのことを教えてもらったし、遠征へ行く先々の全国の強豪チームの指導者の方々からも、スパイクの打ち方や、このコースに打つにはどう打てばいいか、という基本を教わったりもした。

もともと監督は野球をしていた人で、バレーボールが専門だったわけではない。でも、僕たちが上手になるためにバレーボールの勉強をして、いろいろな技術や戦い方を教えてくれた。

とくに面白かったのが、「頭を使って点を獲れ」ということ。

バレーボールは相手よりも多く点を獲ったチームが勝つ。点を獲るためにはスパイクやサーブの力を高めるのは不可欠だ。

もちろん、思い切り打ちたいように打って決まるのがいちばん気持ちがいいけれど、状況によっては相手のブロックがいることもあるし、トスとコンビが合わないこともある。

その状況で無理やり打ってしまえば、相手に止められる確率も、ミスをする可能性も高くなる。これは小学生に限らず、プロ選手としてバレーボールをしている今でも同じだ。

でも、小学生のころは、どんな状況でも「逃げずに打て」「勝負しろ」と言われることが圧倒的に多いはずだ。

とくに全国大会へ出場するような強豪チームのなかでは、思い切り打たなければ叱《しか》られるケースも少なくないだろう。

もちろん、どんなときでも打つことはとても大事だけれど、決まらなければ意味がない。僕たちの監督は強打ばかりでなく、状況に応じてフェイントやプッシュも織り交ぜろ、と日頃から指示する人だった。

この教えが、僕には見事にハマった。

小さいころから僕は比較的要領がよくて、悪くいうならサボるところもあった。同じようにバレーボールをしていた姉や、5歳下の妹は、バレーボールを始めてからは競技に集中して一生懸命のめり込むタイプだ。

バレーボールだけできればいい、というところもあったので、勉強する姿はあまり見たことがない。

でも、僕は姉や妹に比べれば要領よく勉強もしていたし、やることはやるタイプだと自己分析している。

バレーボールも同じで、ただ一生懸命打つことだけが正解ではなく、いかに相手コートへボールを落として点を獲るかをつねに考えていた。

そのために必要なフェイントやロールショットを決めるのは楽しかったし、小学生にしては多用していた選手だったと自分でも思う。

何より、バレーボールを始めて間もないころから、こうしなきゃいけない、絶対これじゃなきゃダメだ、とバレーボールに関して縛られなかったことも、僕にとってはありがたいことだった。

初の全国大会という舞台

ここぞというときの集中力には自信がある。そして、必要だと思えば何でもやる。その反面、本当にこれが必要かな、と思うことは積極的にやらないのも僕の性格だ。例を挙げるならば、小学生のころの夏休みの宿題がまさにそう。コツコツ地道に毎日これだけやる、と決めて取り組むのは苦手だった。

どちらかといえば、夏休みも終わるころになってから一気に終わらせるタイプ。絵日記や、アサガオの観察日記など、毎日やらなければならないものはやるけれど、計算ドリルや漢字など、毎日やらなくてもいいものはやらない。

集中してやれば終わるとわかっていたし、小学生のころから塾や公文に通っていたので、もともと計算も苦手ではない。ちゃっかり友達に見せてもらうこともあった。

宿題だけでなく、バレーボールも同じだった。

練習はもちろんちゃんとやるけれど、やらなくてもいい、と思うことはやらない。

たとえばバレーボールの基本技術として、始めて間もないころに教えられるオーバーハンドパスもまさにそうだった。

おでこの前に両手で三角形をつくって、膝を曲げ、腕を伸ばしながら力を前に伝えてボールを出す。

基本中の基本ではあるけれど、練習を重ねるうちに、膝を曲げることが本当に必要かな、と思うことが増えた。むしろ、かたちばかりを気にしなくても、できることはある。

オーバーハンドパスの目的は、目指す場所にちゃんとボールを返すこと。それならばかたちにこだわるよりも、自分がやりやすい、いちばん返しやすいかたちでやったほうがいいな、と子どものころから考えて実践してきた。

指導者によっては、「どうして膝を曲げないんだ」と怒る人もいるかもしれない。実際僕も注意をされることもあったけれど、ある程度は自分のやり方でやってきた。もちろん、まったく膝を曲げないというわけではなく、オーバーハンドパスをするときも少しは膝を曲げた。自分がいちばんやりやすい、ボールを返しやすいやり方を考えて、自然にできるように練習した。

宿題をコツコツやるのは苦手だったけれど、自分が納得して取り組むバレーボールの練習を続けることは、少しも苦ではなかった。何より楽しかったのは、5年生になってからは少しずつ試合に出る機会も増えたことだ。

基本をみっちり叩き込む練習で、少しずついろいろなことができるようになるのも楽しかったけれど、その成果を発揮できる試合はさらに何倍も楽しい。

4年生のときはユニフォームをもらってベンチ入りするだけだった僕も、5年生になると前衛の真ん中、日本代表ならばミドルブロッカーと呼ばれる、当時は「センター」と呼ばれたポジションに入るようになった。

バレーボールには6人制と9人制があって、僕が小学生から始めて今も続けているのは6人制。

コート内に同時に入れるのは6人で、その中でリベロという守備専門で、交代の回数が限られていないポジションを含めた7人がレギュラーとしてスタートする。

リベロを除く6人、ミドルブロッカー（センター）、アウトサイドヒッター（サイド）、セッターは守備位置に入る順番にサーブを打ち、時計周りに順番に回ることをバレーボール用語では「ローテーション」という。

中学校や高校、日本代表でもローテーションは当たり前で、それぞれによって強いところや弱いところがあって、どう駆け引きするかも楽しみ方の1つだ。

でも、唯一の例外が小学生だ。順番にサーブを打つのは同じだけれど、サーブを打ったあとに必ずみんな、固定されたポジションにつく。つまり、必ず同じポジションだけを担う。

たとえば、僕の場合は前衛の真ん中に入るセンターだったので、サーブを打ったら大急ぎで走って前衛へ。そこでブロックに跳んだり、ボールがつながればそこからスパイクを打つのが仕事で、当時は少し高めのトスを打ったり、速いトスを打ったりするのが僕の役割だった。

初めて全国大会に出た4年生のときはベスト8まで進んだけれど、愛知県はもともとバレーボールが盛んで、僕たち以外にも強いチームはたくさんある。

愛知県大会を勝つのも簡単なことではなく、実際に5年生のときは愛知県大会の決勝で負けてしまい、全国大会に出場できなかった。

ユニフォームを着て、レギュラーとしてプレーした全国大会は、小学校6年生のときが最初で最後だった。

実は、その全国大会で僕はアクシデントに見舞われた。

愛知県から、全国大会が行われる東京までバスで出発。出かけるまではよかったけれど、大会が行われるのは８月。真夏の暑い時期だ。

今の僕ならば、水分摂取がどれだけ大切か。汗をかいて喉が渇いたと思う前に、ちゃんと水分を摂っておかなければいけないことはわかっているけれど、小学生のころは知らなかった。

暑い季節だからもちろん水分は摂っていたけれど、試合前の練習をすれば汗もかくし、全国大会という大舞台に高揚して知らず知らずのうち、いつも以上に動いてしまうこともある。

試合が始まるというのに、僕は脱水症状になってしまって体育館ではなく病院に運ばれた。母が一緒に付いてきてくれて、診察を受けたあとに点滴をした。

身体《からだ》のことを考えたら、そこまで無理をしなくても、と思われるかもしれないけれど、小学生の僕にとっては夢見た全国大会で、しかも、最後の大会だ。

どうしても出たかったので、点滴をして水分と栄養を補給した次の日、僕はユニフォームを着て東京体育館のコートに立った。

前日の予選リーグは2位通過だったが、決勝トーナメントの初戦の相手は、普段からよく練習試合をするチームだった。

実際に練習試合をしていても、僕たちのほうが勝ち越していたので、4年生のベスト8以上に行けるかもしれないと意気込んでいた。

しかし、結果は残念ながら初戦で敗退してしまった。

体調が万全ではなかったとはいえ、負けず嫌いの僕は、負けるのは嫌だったし、やっぱり悔しかった。今振り返っても、少しだけ苦い思い出だ。

やんちゃで負けず嫌い

大人になった今、小学生のバレーボールを見る機会はほとんどないけれど、僕たちのころと比べて上手な選手が多いだろうなと思う。

何より今の小学生には『ハイキュー!!』(古舘春一 集英社)という絶好のお手本もある。

子どものころからマンガやアニメであんなふうにバレーボールを見て、勉強することができたら、自分もこんなふうにやってみたい、といろんな幅も広がるはずだ。もしかしたらすでに「将来は『ハイキュー!!』で描かれている春高（全日本バレーボール高等学校選手権）に出て、日本代表になりたい」と思っている子どもたちもいるかもしれない。

僕はもともと自分がバレーボールをすることが大好きで、バレーボールを見ることに興味がなかった。

もしも、子どものころに『ハイキュー!!』のようなお手本があったらどうなっていましたかと聞かれて考えることもあるけれど、見ていても見ていなくても、どちらでも自分が楽しんでやれるならば、それがいちばんいいと思っている。

バレーボールに出会うまで、僕は近所の友達と公園や川で遊ぶのが大好きな、やんちゃな子どもだった。今思えばずいぶんいろいろないたずらもしたな。

バレーボールクラブに入るまでは、授業を終えて家に帰れば自由時間。すぐに友達と遊びに行きたいけれど、母も仕事をしていたので「遊びに行っていいか」と確認をしなければならず、帰ってくる時間も伝えなければいけなかった。

「今日は遊びに行っちゃダメよ」

そう言われて頭にきて、外へ出て母の車を蹴飛ばしたこともあるし、自宅の固定電話に母から電話がかかってこないように、電話線をハサミで切り刻んでしまったこともある。

そういえば、頭にきて母の財布に入っていた5000円札をビリビリに破ったこともあった。

さすがに叱られたし、ビリビリに破ったお札も手数料を払って紙幣と交換してもらえることも知ったけれど、この本を読んでくれている子どもたちには絶対に真似しないでほしい。

やんちゃで負けず嫌いで、カッとすると何をしでかすかわからない。

でも、スポーツとの出会いがそんな僕の人生を大きく変えた。

祖母が読売ジャイアンツの高橋由伸《たかはしよしのぶ》選手が好きだったので、いつも家のテレビで野球中継が流れていたこともあって野球を始めたのだ。

野球も楽しかったし、あのまま続けるという選択肢だってあったかもしれない。

でも、たまたま、何げなく始めたバレーボールの面白さを知り、そして勝つことの喜びと楽しさも知った。

春高も、日本代表も、オリンピックも知らなかった僕が、さらに本格的にバレーボールと深くかかわり始めるのは中学生になってからだ。

厳しかった基礎練習も力になり、できることが増えて、全国にもっともっとすごいヤツらがいることを知る。小学生から中学生になると、新たな世界が広がっていった。

試合よりも記憶に残ったアイスクリーム

小学生と同様に、中学生になっても全国大会があった。しかも、バレーボールには2つの全国大会があった。

1つは、学校単位で各都道府県の代表として出場するチームが頂点を競い8月に開催される全日本中学校バレーボール選手権大会。

そしてもう1つが、学校の枠を飛び越えて選抜された選手が、各都道府県代表として出場、12月に大阪で開催されるJOC杯（全国都道府県対抗中学バレーボール大会）だ。

もちろん、どちらも出場して勝ちたいことに代わりはない。でも、現実はそれほど甘くなかった。

まず、当時の僕は身長が低かった。小学校を卒業するときに160センチあるかないか。

普通の小学生のなかでは大きなほうに属するかもしれないけれど、バレーボール選手として全国大会で活躍する選手のなかには170センチを超える選手どころか、180センチ近い選手もいる。

ネットを挟んで戦うバレーボールは、高さがあったほうが有利とされる競技だ。少しでも身長が早く伸びるように、伸びなくてもジャンプ力がつくように、と学校から帰るとなわとびを1000回していた。

けれどなかなか身長は伸びず、少しずつ伸び始めたのが中学2年のときだった。

170センチを超えると、スパイクを打つときにも明らかに景色が変わった。下から見ていたブロックは正面、高く跳べれば上から見えるようになって、コースの幅も広がった。

自分に目を向ければ少しずつできることも増えて楽しかったけれど、それ以上の喜びを味わったのが、全国大会に出場できたことだ。

中学2年のときは、僕たちよりも強いチームがあって、愛知県大会はいつも2位で、なかなか全国大会に届かなかった。

しかし、最後の最後、愛知県大会を勝ち進み、東海大会で3位以内に入れば全国への切符を獲得できるという状況になった。

僕たちは3位決定戦に進み、ずっと勝てなかったチームに勝って、全国大会に出場することができた。

当時の目標は、「全国で勝つこと」ではなく「全国に出ること」だった。冷静に考えれば、全国優勝を目指しているチームとは意識が違う。

案《あん》の定《じょう》、試合は予選で負けてしまったけれど、試合の次の日にみんなで近くの遊園地へ行ってアイスクリームを食べた。

シャリシャリしたアイスで、とてもおいしかったのをよく覚えている。

だから、中学2年の全国大会を思い返すと、試合よりもあのアイスの味が浮かんでくる。

苦手を武器に変えたパイプ椅子練習

なかなか勝てなかった中学時代。転機があるとしたら、アイスクリームの思い出が上回った2年生の全国大会を終えてからだ。

1年から全国大会に出場できたものの、僕はベンチにいて出場する機会はリリーフサーバーで、コートに立つ時間は限られていた。そして、2年のとき試合に出られるようになったけれど、目標は全国で勝つことではなく、全国大会に出ることだった。

この壁を突破するためにどうするべきか。僕なりに考えて、できることを増やすための自主練習に時間を費やすようになったのは、このころからだった。

まだ身長が高くなくて、むしろバレーボールでは小さい部類だった僕は、レフトから攻撃するときはいつもストレート方向、相手のブロックに当てて出すブロックアウトばかり狙っていた。

それが1つの技で武器ではあったけれど、同じことばかりしていても、当然、決まらなくなっていく。

愛知だけでなく、全国のチームと練習試合を重ねるなかで、みんなどんな練習をしているのかを観察していると、どのチームだったかはハッキリ覚えていないけれど、レフト側から打つときに、ちょうどクロス方向のアタックライン、バレーボールではインナーと表現されるコースを狙ったスパイク練習で、目標とする場所にパイプ椅子を置いてスパイクをする練習があった。

ただ打つだけでなく、試合と同様に目の前にはブロックがいると想定して、スパイクを打つ。ストレートばかりでなくクロスへ打つとはいえ、中途半端にコートの真ん中へ打つだけではブロックの手に当たってしまう。

ブロッカーの手も届かず、レシーバーもいないインナーに打てるようになれば決まると思ったので、それ以来、僕もパイプ椅子を狙って何本も何本も、とにかくひたすら練習してインナー打ちを習得した。

振り返れば、中学時代にやってきたこの練習は、僕の大きな武器になった。こうして今、日本代表やプロ選手としてプレーするうえでも、インナー打ちを得意として武器になっているという理由もあるけれど、それ以上に大切なのは、考えて、工夫して練習することで苦手なことを克服することだ。

僕の経験上、練習することでしかうまくなっていかないと思うし、練習することをやめたら、これ以上成長できないと思っている。そして練習の中で、得意なところをどんどん伸ばすのも1つの考え方としてはあるかもしれないけれど、練習でできないことができるようになる、というのはもっと大切だと思っている。

なぜなら、トップカテゴリーへ進んでも、これだけが突出して優れているという選手よりも、いろいろなことができるほうが絶対にいいからだ。

イタリアでもまさにそうで、優勝したペルージャを見ても、エースのウィルフレド・レオン選手は、サーブ力やスパイク力に関しては世界一と言うべき選手だ。でも、レシーブはあまり得意ではないので、ケガをしたことも1つの理由ではあるけれど、彼より身長が低く、スパイクやサーブの爆発力がなくてもコンスタントにいろいろなことができる選手のほうが出場機会をつかんだ。

トップになればなるほど、穴がなければないほどいい。だから僕も、いろいろなプレーができる選手になりたいと思って今も努力を重ねている。

中学生のころから、トップ選手になった自分を想像して練習することは、イメージがわかず、難しいかもしれない。でも、間違いなく言えるのは、できないことは小さいうちからチャレンジしたほうが絶対にいい、ということ。

たとえば二段トスを上げるときにも、僕はアンダーハンドは得意だけれどオーバーハンドは苦手だから（二段トスは）つねにアンダーで上げます、というのではなく、苦手なオーバーも克服してできるようになったら、アンダーでもオーバーでも局面に合わせて必要に応じたプレーができるはずだ。

そうすればきっと、試合に出場する機会も増えると僕は思う。

子どものころを振り返って今と比べると、大人になると失敗はしづらいし、何度失敗してもチャンスが与えられるわけではない。

むしろ小学生や中学生、高校生のころにたくさん練習して、たくさん失敗して、どうすればうまくなるか。どうやって練習をすれば苦手なものが苦手でなくなるのか。そこから自分の強みをどう増やしていけるのか。それを考えて、武器にする時間はとても大切だ。

僕にとっては、中学2年から3年に差し掛かるころがまさにその時期で、自分自身だけでなく、ちょうどチームとしても結果を出せるようになったのもこのころだった。

拒み続けたキャプテン

中学2年生で172センチまで伸びた身長は、中学3年になると181センチまで伸びた。さらに、できることも広がって、愛知県でも勝てるようになり、当然、目標も一段階上がる。

練習試合でもほとんど負けることはなく、このまま行けば全国でも勝てるんじゃないかと思い始めていた。

ただ事件もあった。僕がチームのキャプテンになったことだ。

スポーツで一番になること、そこで目立つことは好きだったけれど、それ以外の理由で目立つのは嫌いだった。

小学生のころの学級委員や、部活のキャプテンはまさにその代表格。だいたい小学生のときは、スポーツが得意な子どもはそれだけでもクラスで目立つ存在になる。学級委員を決めるときに立候補する人がいないと、「石川祐希くんがいいと思います」と推薦されることが何度もあった。

それが僕は嫌で嫌で仕方なかった。断り続けるのだけれど、多数決で決まってしまったときはふてくされ、休み時間の間、ずっと机に突っ伏して落ち込んでいたこともあった。

学級委員でもその始末なのに、キャプテンなどやりたいはずがない。

「キャプテンをやってくれ」と言われたときも、もちろん、「嫌です」と即答した。だが、直《す》ぐに却下。ほかの同級生たちも同じように断ったので、結局、僕がキャプテンに選ばれてしまった。

本当に嫌だったので、練習中もボールを叩きつけたり、露骨に「嫌だ」ということをアピールしたりしたが、覆《くつがえ》ることはなかった。

今思えばずいぶん稚拙《ちせつ》な行動だったけれど、当時はそれぐらい嫌だった。

とはいえ、最初は渋々だったけれど、キャプテンとしてチームの中心になる以上はやるしかない。

チームのなかで自分がいちばんがんばる覚悟といえば少し大げさに聞こえるかもしれないけれど、自分の中の意識が変わっていった。

「日本一を目標にして、誰よりもがんばろう」

そう心に決めて取り組んでいった。

結果、全国大会に出場しただけでなく、全国3位という僕にとっては過去最高の成績を収めることができた。

愛知県選抜にも選出されてJOC杯にも出場することになった。

そこでもキャプテンに選ばれたけれど、そのときは嫌ではなかったし、むしろ、

「自分がキャプテンをやるだろうな」

と思っていた。小学校から一緒にやってきたセッターの聡太と、ほかにも攻撃力や守備力に長けた選手が集まっていたし、そのなかでキャプテンをやるとしたら自分ではないか、という予感もあった。

結局、愛知代表として出場した中学最後の大会は、決勝で東京選抜に負けてしまったけれど、準優勝という成績を収めた。

全国大会の決勝で戦うこと。メダルを獲ること。バレーボールの基礎、基本や戦い方のベースに加えて、勝つことの喜びと楽しさを知った中学時代。

のちに大きな目標を達成し、喜びを分かち合う仲間に出会ったのも、ちょうどこのころだった。

第3章

星城高校での3年間

自主性のなかで日本一を目指す

星城高校を選んだ理由はシンプルだった。

中学のときのJOC杯で一緒に戦った川口太一《かわぐちたいち》が、「俺は星城に行く」と言っていたのを聞いて、「一緒にやりたい」と思ったからだ。

卒業後に日本のVリーグへ進み、その後、イタリアにも一緒に行き、ドイツやフィンランド、Vリーグのウルフドッグス名古屋でプレーすることになる太一は、当時からバレーボールが上手でセンスも抜群だった。

高校でもチームメイトとして戦えたら面白いバレーができるだろうなと思った。

そして、太一だけでなく、同じ愛知選抜のメンバーだった山﨑貴矢《やまざきたかや》や神谷雄飛《かみやゆうひ》も星城高校に進むことを聞いたからだ。

中学で全国大会に出場するようになって、やっと春高バレーの存在を知ったばかりの僕は、どこが強いというのはよくわかっていなかったけれど、星城高校が2008年のインターハイ（全国高等学校総合体育大会）で優勝したというのは知っていた。

中学で叶えられなかった日本一を目指して、いちばん楽しくバレーボールができるのはきっとここだ。そう考えて、僕は星城高校を選んだ。

「日本一」を目標にしているチームがどんな雰囲気で練習しているのか。

みんなはどんな姿を思い浮かべるだろう。厳しい監督やコーチのもとでピリッとした空気感のなかで練習している様子を想像する人も多いかもしれない。

では、星城高校はどうだったか。むしろ、その真逆だった。

監督の竹内裕幸《たけうちひろゆき》先生は厳しいときは厳しいけれど、頭ごなしに叱りつける人ではなかった。

先輩と後輩の上下関係もほとんどなくて、先輩は優しいし、学年に関係なく全員の仲が良かった。

練習も先生が考えたメニューだけでなく、選手主導で日々練習するチームだった。

バレーボールをするうえで、チームとして目標を叶えるために必要な決まり事はあるけれど、余計なルールは省いたチームだった。

象徴的だったのが練習着や髪型だ。

当時は全国の強豪といえば髪は短髪で、練習着も全員が決まったものをそろいで着るチームが大半だった。

多少違っていたとしても、色の指定はあって、時折チームカラーが赤や黄色で派手な練習着のチームもいたけれど、ほとんどは白や黒。

一方で、練習着も髪型も一切決まり事のない星城は、「派手だ」とか「チャラチャラしている」と思われていたはずだ。

でも僕は、練習着や髪型がバレーボールの技術向上や勝敗にかかわっているとは思わない。

見た目は派手に映ったかもしれないけれど、何より僕たちは日々、妥協せずに厳しい練習をしてきたと胸を張ることができる。

〝自主性〟と聞けば、人によってとらえ方はさまざまかもしれないが、つねに監督から指示を受けて、いわれるようにやらないと怒られる環境とは真逆で、サボろうと思えばサボることだってできる。

でも、サボれば確実に自分に返ってくる。

象徴的なのが星城高の伝統的な練習でもある30分走だ。その名のとおり、30分間、学校の校庭をひたすら走るメニューだ。

走るのが得意な選手もいれば苦手な選手もいるし、その日の体調もある。

だから「必ずこの距離を走りなさい」と決められるのではなく、それぞれの判断に委《ゆだ》ねられる。決められているのは「30分」という時間だけだ。

そこで毎日全力で走って、自分の限界に挑戦するか、面倒だからと手を抜いて走るかは自由だ。

でも、結果は自分に返ってくる。だから、むしろ僕は強制されるよりもよほど厳しい環境だったと今でも思っている。

ボール練習も同じだった。

基本的には竹内先生から、今はこれが必要だというメニューが提示されるが、そこに加えて僕たち選手が練習内容を加えていく。

スパイクをもっとやったほうがいい、この間の試合でディフェンスがよくなかったからディフェンスの練習をしたい、と考えれば自分たちでメニューを考えて、実際にボールを打つのも竹内先生ではなく選手同士で行う。

入学したばかりのころは、どんな大会があるのか、どういうサイクルで回っているのかを理解していなかった。

でも、日々練習していくなかで、インターハイや東海大会、国体（国民体育大会）や春高などさまざまな大会につながる県予選や地区大会はほぼ1年をとおして開催されることがわかっていった。

それにともない、最初は全国ベスト8を目標にしていた僕も、自分たちで考えながら強くなるために練習する星城高校で、少しずつ高い目標を抱くようになっていった。

我慢するところとしないところ

1年生から試合に出る機会を得た僕にとって、初めての全国大会はインターハイだった。

夏の暑い時期、7月から8月にかけて開催され、連戦が組まれるインターハイはとにかく過酷な大会だ。

しかも、中学から上がったばかりの1年生だ。トレーニングもほとんどしていないので身体もまだまだひょろひょろで体力もない。あきらかに2年生、3年生とは体格差、体力差があった。

それでもチームは、この秋田でのインターハイで、当時の優勝候補の一角だった鹿児島商業高校に準々決勝で勝って準決勝へ進んだ。

入ったばかりのころは高校の大会で、全国を勝ち進むことは簡単ではないと思っていた。「日本一になりたい」と思ってはいたけれど、現実的な目標はベスト8だった。それをあっさりクリアして、ベスト4へ進出することができた。

でも、その次の準決勝、東福岡高校戦では、ぼろ負けしてしまった。こんなに強い相手がいる、とわかっただけでも僕には十分だったが、アクシデントが起こったのは、そのあとだ。

試合になれば、全力を尽くすのは当たり前だ。そのときにもてる力をすべて使って、1本1本のスパイクを全力で打ち続けた結果、僕の身体に異変が生じた。

いつもどおり、朝、起き上がろうとしたら、あり得ないほどお腹《なか》が痛い。筋肉痛にしてはひどい気がして、練習へ出かけた僕は、竹内先生に相談した。

「先生、お腹が痛いです」

何が原因か、見当はついていた。念のため病院に行くようにといわれて診断を受けると、やはり腹筋の肉離れだった。

なぜ、予想できたのか。実は中学3年生のときにもやったことがあったからだ。

そもそも、当時、中学生の僕は、腹筋が肉離れを起こすことなど知らなかった。もっといえば、肉離れがどんな症状かもわからなかった。

でも、咳《せき》をすると痛いし、くしゃみをすれば悶絶《もんぜつ》するぐらいに痛かった。普段の筋肉痛よりもだいぶひどいなと思っていたら、腹筋の肉離れといわれて、初めて肉離れを知ったぐらいだ。

その経験があったので、試合の翌日に同じ痛みが生じたとき、また腹筋の肉離れだ、と予感はしていた。

実はこのあと、高校2年、3年のときにも同じように腹筋の肉離れをしたことがある。

思い返せばすべて、自分のもてる力をすべて使い果たした結果、気づかぬうちに限界を超えていたときに起こっている。

今なら、そんなことはあり得ない。なぜなら、自分の身体をどう使えばいいのか、そのためにどんな力、どんな筋肉が必要で、どこまでやれば無理が生じるのかを理解していたからだ。

違和感が生じれば「ちょっとおかしい」と言えるトレーナーや、ドクターもいて、専門的見地からアドバイスをしてくれる。検査をして診断してもらい対処することもできる。

今でも限界を超える力を出すこともあり、そうなれば当然ダメージもある。自分が思っている以上に身体が動くときこそ、ケガのリスクは多く含まれているものだ。

何げなく書いているが、これはとても重要なことだと僕は思う。

とくに学生のころは、トレーナーやドクターが身近にいないケースも多いと思う。ジャンプや着地、そこからの切り返しが多いバレーボールは、足首の捻挫《ねんざ》もかなり頻繁に起き、僕にも経験がある。

しかも、厄介《やっかい》なのは、痛みを我慢してプレーすることができないわけではないということだ。

とくに小学生や中学生、なかには高校生でも、捻挫をして足首が痛くても、「気のせいだろ」と言われて、練習や試合を続行することもある。

僕が中学3年で初めて腹筋の肉離れをしたときは、自分で「気のせいだ」と思って続けていたのでよくわかる。

でも、そのときは我慢できたとしても、あとになって大きなケガの引き金になることもある。

絶対に甘く考えてはいけない。大学時代、ケガが相次いで苦しんだ時期があるので、あらためて伝えたい大事なことだ。

自分でいうのもおかしいかもしれないけれど、僕はもともと身体の使い方に長けていると思っている。その原点は、小学生のころに叩き込まれた基礎練習だ。

バレーボールでは、できるだけ早くボールの下に入るのが重要とされるが、僕は特別意識することなくできるようになった。

スパイクを打つときも、多少、体勢が崩れても、同じように打つことができる。

相手からすれば、「あの体勢から打つのは無理だ」と思う状況でも、打てばサプライズになって決まりやすいし、それも1つの武器だと思っている。

もちろん、誰でも最初からできるわけではないので無理は禁物だが、自分がそうやって身体を使えることを知っているからできることだ。

また、どれだけ鍛えても、無理して酷使しすぎれば、身体は悲鳴を上げることになってしまう。

自分がイメージするプレーをできるように、大事な試合でケガをしないで、すべての力を発揮できるように、どんな準備をするかがいちばん大切だと思う。

腹筋を肉離れするほど出し切った高校時代の経験から学んだ大事なことだ。

仲間のためにがんばるということ

高校時代に学んだことは、ほかにも数え切れないほどにある。

竹内先生は本当に選手の自主性を重んじる人だった。普段から怒ることは滅多にないし、技術のことで怒ることはまずない。

でも、そんな竹内先生が何度も繰り返し僕たちに言い続けて、ときに厳しい言葉で伝え続けたのが、人を重んじることだった。

とくに下級生には、「先輩のために戦う」ことの大切さを教えていただいた。

大会が近づいたときはもちろん、事あるごとに竹内先生はこう言った。

「３年生のためにがんばれ」

1年生のときだけでなく、2年生のときも同じだ。

僕のように1年生から試合に出ている選手には、より強く言っていたかもしれない。バレーボールはチームスポーツだ。当然、先輩も後輩も関係なく、チームが勝つためにそれぞれの力を尽くし、役割を果たす。

僕も「先輩のために」という思いはつねにもって戦っていたつもりだった。

でも、本当の意味で、「3年生のために」と意識した瞬間があるとしたら、高校2年の春高だ。

1年のときはベスト16だった。2年のときは夏のインターハイを制し、国体も制した。あと1つ、1月に開催される春高で勝てば、僕らは三冠を達成することになる。

大会前から注目されるようになっていたけれど、「優勝候補」といわれることに対してプレッシャーは感じていなかった。

春高が迫れば、練習試合も増える。竹内先生の雷が落ちたのはそんなときだ。

当時、チームではエースとして、僕が攻撃の中心にならなければいけないことは理解していた。

ただ、同学年には山崎や神谷もいるので、攻撃枚数が少ないわけではない。いろんな選手がいるなかで、自分も決めればいい。僕なりにそう思って、日本一、三冠を目指してやっていたつもりだった。

しかし、竹内先生は、そんな僕の姿勢を強く叱責した。

「お前が打たないでどうするんだ。俺がチームを勝たせるんだという気持ちでプレーして、引っ張って、３年生を勝たせるんだよ」

いろんな経験を重ねた今の自分ならば、僕のプレーがあまりよくないことと、３年生に対する思いとはかかわりないと、イコールではないと、言い返すこともできるかもしれない。

でも、そのときは素直に「そのとおりだ」と思って反省し、より強く「3年生のために」と意識をしたことを覚えている。

２０１３年1月。ついに二度目の春高が開幕した。

初戦となった2回戦の駿台学園戦から僕たちは勝ち進み、３回戦では東福岡高校、準々決勝で鎮西高校、準決勝で鹿児島商業高校を破り、大塚高校との決勝へと進んだ。

準々決勝までは３セットマッチだけれど、準決勝からは5セットマッチになる。

普段からよく練習試合もしてきた大塚高校を相手に、僕らは先に1セットを取ったあと、大塚高校が2セット目を奪取。

3セット目を僕らが取り返し、デュースまでもつれた第4セット、優勝まであと1点と迫った25対24のマッチポイントで、僕にサーブの順番が回ってきた。

そのとき、僕は決して大げさではなく、心からこう思った。

「この1本に勝敗がかかっているんだ。3年生を勝たせるため、この1本、獲るぞ」

バレーボールを始めてから数えきれないほどのサーブを打ってきた。

けれど、何も考えずに打つよりも、その1本に意味を込めて打つときのほうが、僕の場合はいいサーブを打てる確率が高い。

人によっては「大事な1本だ」と気負ってミスをしてしまうかもしれないけれど、僕はそう思ったほうがいいサーブを打てる。

三冠を決めた1本は、まさにそんな1本だった。

「3年生のために」打ったサーブは、サービスエースになり26対24。3対1で星城高の初優勝が決まった。

インターハイ、国体に続き春高を制して三冠を達成した瞬間、僕はとにかく嬉しく

て、

「よっしゃ、決めたぞ！」

と心からはしゃいだ。勝った瞬間はとにかく嬉しくて、表彰式のときも僕はずっと、3年生の先輩たちや同級生、後輩たちと笑っていた。

こわばったのは、そのあとの記者会見だった。

高校生のバレーボールの大会でいちばん規模が大きい春高は、たくさんの取材メディアが訪れる。そこでは優勝チームのベンチ入り選手と監督が全員そろって記者会見に出席することを初めて知った。

もともと人前で話すのは苦手なのに、目の前にはカメラもズラリと並んでいる。極力目立ちたくなくて、先輩の後ろに隠れようとしたけれど無理だった。

そのときに言えたのは2つだけだった。

「3年生のためにがんばりました」

「3年生を勝たせたかったです」

でも、心からの言葉だった。三冠を達成できたこと以上に、勝って3年生を送り出すことができて本当によかったと今でも心から思っている。

勝利以上に重んじられたこと

高校最後の1年間、僕は中学に続いて高校でもキャプテンになった。

中学3年のJOC杯、僕がキャプテンで、一緒に戦ったメンバーも多い。最初から「自分がキャプテンになるだろうな」と受け止めていたので、中学時代のように「嫌だ」とか「やりたくない」と思うことはなかった。

そして、その年のメンバーは、ほとんどが2年生のころからレギュラーとして、優勝、三冠を経験したメンバーばかりだった。

周りからは、2年連続の三冠、つまり合わせて「六冠」が期待されたけれど、特別に考えることも、プレッシャーに感じることもなかった。

自分たちが日々練習して積み重ねてきたことを出し切ることができれば、勝てるという自信もあった。

とはいえ、竹内先生からの要求は厳しかった。

まず、意外かもしれないが、新チームになって3月に出場した全国私立高等学校男女バレーボール選手権大会の何試合か、僕はセッターとして出場した。

三冠を達成したチームの正セッターは、小中学校の同級生でもある中根聡太がいる。

でも、竹内先生は高校で勝つことだけでなく、その先の将来を見据えた指導も重視する指導者だ。

僕に対しても例外ではなく、アタッカーとして世界で戦うには高さが足りないのではないかと考えた竹内先生は、僕が高校に入学する前から、「将来はセッターで」と考えていたそうだ。

しかも、プランとして描くだけではなく、実際にセッターの練習もしていたし、試合にも出た。

同じアウトサイドヒッターの武智洸史《たけちこうし》と僕がセッターをする、ツーセッターというシステムを用いて公式戦も戦った。

その経過だけを聞けば、素晴らしいチャレンジだと思う人もいるだろう。

でも、実際はなかなか過酷だ。なぜなら、竹内先生の要求のなかには、どんな相手、チームに対しても勝つことだけでなく、「1セットを失点20点以内で勝つこと」も含まれている。

公式戦だけでなく練習試合もすべて同じだった。中盤まで競り合って18対18、19対19となるたび、僕は内心、「どうしよう」と焦ったこともあった。

振り返れば、アタッカーとしてだけでなく、セッターとして練習や経験を重ねたおかげで、今もトスは得意なプレーの1つだ。

それぞれポジションがあるとはいえ、いろいろなポジションができるのは決してマイナスではなく、むしろプラスの要素が増える。

試合中もいいトスを上げられたら嬉しかったし、基本的にみんなが攻撃力、決める力をもった選手ばかりがそろっていたので、決まらないときは、「自分の上げたトスが悪いからだな」と、冷静に受け止めることもできた。

繰り返すようだけれど、今につながることは多いし、むしろマイナスよりもプラスのほうが多い。

ただし、嫌だったことを強いて挙げるならば、僕がセッターに入ったことで攻撃力が弱まり、なかなか点を獲れなくて相手に20点を獲られてしまい、竹内先生からこっぴどく叱られたことぐらいだろう（笑）。

六冠達成とその後

高校の最終学年。六冠がかかった最初のタイトルである8月のインターハイを制し、星城高は四冠を達成した。

次は国体。振り返れば、高校3年の試合でいちばん苦しかったのが、この国体の準決勝だった。

春高と同じく国体も準決勝と決勝は5セットマッチで、相手は福岡県選抜だった。僕らが卒業したあとに三冠を達成した東福岡高のメンバーも多く、星城高と同じく全国優勝を狙う強豪だ。

先に2セットを取られて、僕らも1セットを取り返したが、4セット目もリードされていた。

このままでは負けてしまう。タイトルが欲しかったわけではなく、僕は単純に負けるのが嫌いだ。

勝つためには、自分が打って決めるしかない。そう覚悟を決めて、聡太に言った。

「全部（トスを）持ってきて」

誤解がないようにいうと、当時のチームは攻撃陣も多彩で、リベロの川口太一のレシーブ力があり、セッターは聡太だ。

自分1人ががんばって、限界まで力を発揮しなくても勝てるチームだと思っていた。でも、全国制覇を目指し、日々厳しい練習を重ねてきているのは僕たちだけではない。負けたくないのはみんな同じだ。

追い込まれた準決勝で、僕はフルパワーを発揮した。

「全部持ってきて」と言った以上は、持ってきてくれたボールは全部打って決める。体勢が悪くても、相手のブロックが並んでいても構わず打ちまくった。

その甲斐《かい》あって、フルセットで逆転勝ちを収めたけれど、試合が終わると腹筋、両ふくらはぎに太腿《ふともも》と、体中がつって20分近く動けなくなった。

ギリギリの勝利を収め、決勝では大阪府選抜に勝利して、国体も制覇することができた。これで昨年に続く連覇と五冠を達成したことになる。

そして2014年1月、ついに最後の春高を迎えた。

実は春高前もコンディションは万全ではなく、背中に痛みがあった。

プレーができないわけではないけれど、連戦が続くなか、すべて全力で打ち続けることはできない。

初戦の荏田高校戦と次の清風高校にはストレートで勝利できたが、準々決勝の開智高校戦は1セット目を先取された。

僕たちはそれでも平常心でいたけれど、見ている人たちはだいぶザワザワしていたらしい。僕の状態を気にして聡太がトスを減らしていたのはわかっていたので、

「普通に上げていいよ」

と伝え、聡太も応えてくれた。そして、2、3セットを取り返して逆転勝ちを収めた僕たちは、準決勝に進出した。

今は日程によって5日間ですべての試合を終える春高も、僕たちのときは1回戦から準々決勝までと、準決勝と決勝が2週に分かれていた。そこで少し休養することができたおかげで、準決勝はコンディションも万全になった。

準決勝の東福岡高校、決勝の鹿児島商業高校に勝利して、連覇と六冠を達成した。

2年のときには優勝したことがただただ嬉しかったけれど、3年で勝ったときは少しホッとした。

ただ、それからしばらく「六冠の星城」といわれることが多くて、少し嫌だなと思ったこともある。

もちろん自分たちのなかでは、2年連続での三冠、つまり六冠を達成したのは誇りだ。そして、バレーボールを始めたころから振り返れば、高校までが1つの区切りでもある。

でも、いつまでも「俺たちは六冠したから」と言い続けるのは少し格好悪いという思いもある。

翌年にも東福岡高校が三冠をしたし、2017年には駿台学園高校が三冠を達成した。

僕らが成し遂げたころよりも、バレーボール自体のレベルが格段に上がっている。もしかしたら当時の星城高校と、2024年に春高で連覇を成し遂げた駿台学園高校が試合をしたら負けるかもしれない。

いつまでも僕たちが高校バレーボール界最強というわけではないことは、今プロバレーボール選手として活動する自分がいちばんよくわかっているつもりだ。

過剰な注目やあおりはいらない

春高が高校生バレーボール選手にとって憧れの大会であるのはたしかだろう。

どの大会よりも多くの人たちに注目されて、僕は少しそれが恥ずかしくて苦手ではあったけれど、注目を浴びることが嬉しい選手もたくさんいるはずだ。

ただ、だからこそ気になることもある。

選手として、がんばって結果を残して注目されたり、取り上げられたりすることは喜びだ。でも、過剰に持ち上げられたり、取り上げられすぎたりすることが、プラスではなくマイナスに働くこともある。

僕もプロ選手として活動し、日本代表の主将を務める立場として、今現在活躍する高校生に対してのコメントを求められることもある。

繰り返すように、今の高校生たちはバレーボールの知識も深く、技術もある。うまいなと思う子もいる。

しかし、それがイコール、将来の日本代表になるとか、日本を背負って立つ選手になるかといえば簡単にイエスとは言い切れない。

たとえば「日本代表の○○選手も絶賛！」とか、「将来の日本代表間違いなし！」と書かれたり、テレビで放映されたりすることで、「よし、がんばるぞ」と思う選手もいるかもしれないが、自分はそんな選手じゃないのにと、過度なプレッシャーと受け取る選手もいるかもしれない。

正直にいえば、僕も高校生のころに取材を受けるたび、「将来は日本代表でどんな選手になりたいですか？」と聞かれたが、自分のなかではそんなことを考えていなかったし、「誰がそう思っているの？」とひねくれて受け取ることもあった。

何より、自分が思ってもいないようなことをいわれたり、そういう言葉だけが独り歩きしたりするのは嫌だった。だから今も、直接見たことがない選手に対するコメントを求められたときは言葉を選ぶようにしている。

いいところはいい。でも、「もう少し高さが必要ですね」とか、これからにつながる部分もちゃんとつけ加えて伝えたい。

将来につなげられるかどうかは、最終的には自分次第だと僕は思っている。

第4章

コート内外で広がる世界

初の日の丸と意識変化

高校時代を語るとき、前述した星城高校での六冠に焦点が当てられることが圧倒的に多く、今もそれは誇れるものだ。

でも、それと同じように、今につながる高校時代の貴重な経験といえば、アンダーカテゴリー日本代表として、初めて世界と戦ったことだ。

中学生のときにはＪＯＣ杯で愛知県選抜として全国大会で準優勝した経験があるし、そのなかからさらに中学選抜に入ると海外遠征があることも知っていた。

でも、当時の僕は身長が高くなかったこともあり、中学選抜には選ばれていない。

高校では〝ユース代表〟と呼ばれるＵ18日本代表があり、選ばれるとＵ18アジア選手権、さらにそこで勝ち進めばＵ18世界選手権に出場できることも知った。

高校時代は星城高校で勝つことがいちばんの目標だったけれど、Ｕ18日本代表候補に選ばれ合宿に参加して、同世代のすごい選手たちと一緒にプレーする経験を重ねるうちに、

「この世代の代表としてU18日本代表に選ばれたい」

そういう思いを抱くようになった。

世代ごとの代表とはいえ、U18、さらに上の〝ジュニア〟と呼ばれるU20も、どちらも日の丸が入った日本代表のユニフォームを着て戦うことになる。

僕にとって最初の経験は、日本と韓国と中国のU18代表選手が戦う大会だった。試合に出たというぐらいで、自分がどんなプレーをしたかというところまでは覚えていない。

けれど、当時は中国が強かったこと。しかも、日本では味わうことのない高さを誇る選手がいて、驚かされたことはよく覚えている。

その後、２０１２年10月のU18アジア選手権で3位になり、翌年のU19世界選手権への出場権を獲得した。

僕たちの世代は中国だけでなくイランも強くて、アジアの壁も高かったし、世界の壁はさらに高かった。

メキシコで開催された大会に出場することはできたけれど、最終成績は20チーム中17位で終わった。

それでも僕にとってアンダーカテゴリー日本代表で世界を知る機会を得たことは、大きな経験だった。

そして世代の区切りがあるとはいえ、日本代表に選ばれればシニア代表と同じように、ナショナルトレーニングセンターでの合宿にも参加する。

バレーボールだけでなく、日本のさまざまな競技のトップ選手が合宿や活動拠点とする場所で、U18日本代表の監督やコーチからバレーボールの指導を受ける機会に恵まれる。

それに加えて、将来アスリートとして生きるために必要なことについて、専門家の方々からの指導も受ける。それも今につながる財産の1つだ。

栄養に対しての講習もその1つだった。

もともとお菓子好きとか、炭酸飲料ばかりを飲むというタイプではなかったので、食事に対して、「気をつけなきゃ」と思うことは当時から少なかった。

でもあらためて、炭水化物やたんぱく質、脂質やビタミンなど摂取する栄養素にはどのような効能があるのか。

炭水化物はエネルギーになり、たんぱく質は筋肉をつくるから、どのタイミングでどれぐらいの量を摂るのが好ましいのかといった話を詳しく聞けて楽しかった。

大学生で日本代表に選ばれると、さらに１つ、栄養指導のステージも上がる。それでも当時指導をしてくれた栄養士からは「ほぼ直すところがない」と言われたように、自分でいうのもおかしいかもしれないが、食事に対しての意識は昔から高いほうだったと思う。トマトは苦手だけれど、好き嫌いも多いほうではなく、バランスのよい食事を心がけてきた。

そのときに学んだ知識をベースに、プロになってからはより自分の身体に矢印を向けてきた。日々の食事も徹底しているといえば聞こえはいいかもしれないけれど、単に食に対して興味がないだけなのかもしれない。

仲間の選手たちのなかには、「これだけ頑張ったからおいしいものを食べたい」という選手も少なくないけれど、僕にはその感情はほとんどない。

むしろおいしいものを食べられないことよりも、必要な栄養が摂れていないことのほうがストレスになる。だから、プロ選手として生きる今は、食事も徹底している。

まさかここまで節制した生活を送るようになるとは、当時の僕は考えてもいなかった。

中央大学に進学した理由

将来どのような選手になりたいのか。

そう漠然と考えるなかで、大学進学を決めるとき、僕の中でいちばん重要だと思っていたのが、将来につながる身体づくりができるかどうかだった。

高校では一切ウエイトトレーニングをしていなかったので、もっとパワーをつけるためにウエイトトレーニングは必須だと思っていた。

とはいえ、どこの大学がウエイトトレーニングに力を入れているのか、そもそも大学によってどんな違いがあるのかがほとんどわからなかった。

当時の知識をもとに、全国から選手が集まる関東1部の大学に行きたい、そのなかでも東海大学か筑波大学に行きたいと思うようになっていたが、星城高校の竹内裕幸先生から、

「中央大学も声をかけてくれているから、話を聞いてみて」

そう言われて、それぞれの話を聞いた。

正直にいうと、最初は大学によって違いがあることすらわかっていなかった。

でも、話を聞くなかで、さらに魅力を感じるようになったのが、筑波大学と中央大学だった。

東海大学には、同じアウトサイドヒッターで、U18でも一緒にプレーしてきた１つ上の先輩選手たちがいることがわかっていた。

学年が１つしか変わらない以上、競争は激しくなり、試合に出る機会も減るかもしれない。

冷静に考えたときに、筑波大学と中央大学のほうがチャンスがあるかもしれないと思ったことに加えて、筑波大学の秋山央《あきやまなかば》監督の指導にとても興味があり、

「この人のもとでやってみたい」

という思いもあった。

筑波大学か中央大学かで決めかねるなか、もう一度話を聞いてみたらと竹内先生にも促され、両親と一緒に、両大学の監督にも来ていただいて、話を聞く機会を得ることができた。

そこで中央大学監督の松永理生さんから、中央大学はフィジカルトレーニングにも

力を入れていることを聞いただけでなく、実際にトレーナーの菊池加奈子さんが同席して、中央大学ＯＢの福澤達哉《ふくざわたつや》さんに対して4年間でどのようなメニューを組んで、どんな進化を遂げたかという説明を受けた。

また、フィジカルトレーニングだけでなく、食事を細かく記録したノートも見せていただき、1人の選手に対してここまで徹底して取り組んできたのかと、より魅力を感じた。

理生さんとは、すでに会ったことがあった。星城高校は理生さんが当時所属していた豊田合成（現・ウルフドッグス名古屋）と練習をすることがあり、そのときのことだった。

初対面でも気さくで明るく、選手との距離感もいいなと思っていた。加えて、中央大学には、2学年上にセッターの関田誠大《せきたまさひろ》さん、オポジットの今村貴彦《いまむらたかひこ》（ヒコ）さんもいた。

U20で一緒に合宿をしたことがあったので、素直に関田さんやヒコさんともやってみたいと思った。

もともと僕は、何かを決めるときに即決できるタイプではなく時間がかかる。

小学生のときにバレーボールを選んだように、心の中では答えをもっていてもどちらかといえば慎重なので、コレという決め手もなかなか感じにくいタイプかもしれない。

そもそもこちらにするか、あちらにするかと悩んでいる段階では人に相談せず、自分で考えて、ある程度答えが見えてから、「こうしようと思う」と人に言うのが僕の性格だ。

大学を決めるときも例外ではなく、いろいろな要素を自分の中で整理して、考えた結果、中央大学に行こうと決めた。両親に、

「中央大学にしようと思う」

と話したのも、自分の中で決めてからだったけれど、両親も僕の選択を、

「決めたのならそうすればいい」

と受け止めてくれて、それ以上は何も言わなかった。

そもそも「こうしたら？」と言われてもあまり人の意見は聞かず、むしろ言われれば言われるほど逆のことを選びたくなる僕の性格を熟知しているのもあるかもしれないけれど。

星城高校で一緒に六冠を成し遂げた川口太一は、「高いレベルのなかで成長したい」と、大学に進学するのではなく、高校を卒業してすぐに豊田合成に入り、Vリーグの世界に飛び込んだ。

あとになってから、僕にもその選択肢があったのではないか、と何度か人にいわれたこともあるけれど、当時の僕は考えもしなかった。

何よりあのときの体、実力でVリーグに進んでも通用しないと思ったし、試合にも出られないと思っていた。

とはいえ、そもそも大学へ入るといっても、どんな学科があるとか、入ってから何をしようと考えていたわけではなかった。

大学で4年間バレーボールをして卒業したら、どこかの企業に入ってVリーグの選手になる、と漠然と考えていただけだ。

考えもしない世界があることなど、このときの僕はまったく知らなかった。

大学バレーボール部での財産

高校生と大学生、年齢はそう変わらないけれど、プレーも生活もまったく違うものだった。

高校時代、星城高校には愛知県内だけでなく、愛媛からきた武智洸史のように県外から入学してくる選手もいた。

しかし、大学はその比にならない。全国各地から選手が集まるだけでなく、全国優勝の経験がある選手もいれば、全国大会に出場したことなどなく、一般入試を経てバレーボール部に入る選手もいる。大げさなことをいえば、バレーボール初心者だって入部することもできる。

強豪校からくる選手は、チームによって、学んできたことやスタイルもまったく違っていた。

何より、プレーの面以上に戸惑ったのが上下関係や部内でのルールだった。

星城高校は上下関係や練習の準備以外に細かいルールはほとんどなかった。

むしろ、試合に出るのは上級生も下級生も関係ないので、全員が助け合って分担していた。

実際に僕が1、2年生のころから試合に出ていたときには、上級生にサポートしてもらった。その環境を当たり前としてきたし、もちろん感謝もしてきた。

そのうえで、チームとして結果を出すためには、出場する選手に学年は関係ないし、出る選手は試合でがんばる。試合に出る機会が少ない選手はサポートする。

僕はもともとそれが本来あるべき姿だと思っていたけれど、大学となればまた別の世界が存在する。

練習準備や片付け、試合になると洗濯も1年生の仕事だった。普段の練習だけならば、それも仕方ないと我慢できたかもしれない。

でも、春季リーグから試合に出ている1年生が僕を含めて何人かいた。そうなれば当然、試合に向けた自分の準備もしなければならないし、身体のケアもある。

その時間にプラスして自分のぶんだけでなく先輩たちのぶんも洗濯をしたり、片付けをしたりすると睡眠時間が削られ、次の日のパフォーマンスにも影響が生じ、ケガのリスクもおのずと高まる。

今だからいえるけれど、あまりに余裕がないときは、2年生の先輩に、「手伝ってもらえませんか」と言おうかと思うくらい時間もなくて、追い込まれていた。正直にいえば、イライラしたこともあった。

伝統を重んじることは大事だ。でも、余分な上下関係はいらないと思う。

もしも今、学生で同じような状況に置かれている人がいるならば、上級生でも下級生でも、「バレーのために必要なことは何か」を見直してほしいと思っている。

下級生のころ、とくに1年生のときは日常生活のなかでは大変なことも多かったけれど、バレーボールだけに目を向ければ中央大学での生活は楽しかった。

理生さんはもともとVリーグや日本代表でプレーした経験もある、若い監督だった。現代バレーをとても勉強していて、練習の中にも実践できる要素がたくさん組み込まれていた。

加えて、まさに手本というべき選手たちが身近にいた。

たとえば関田さんがどんなふうにトスを上げているのか。どうすればボールをきれいに飛ばせるのか。

リベロの伊賀亮平《いがりょうへい》さんがどうやってレシーブをしているのか。ポジショニングや身体の使い方を練習から細かく見て、取り入れられることは全部取り入れよう、取り入れたいと思っていた。

日本のセッターには上手な選手が多いので、監督からの厳しい要求に対しても応えられる選手が多い。

関田さんはまさにその代表ともいうべき選手で、関田さんのトスはテンポがいいのでアタッカーとしては攻撃に入りやすい。

大学時代からずっと関田さんと一緒にプレーさせてもらってきたこともあるけれど、関田さんはアタッカー心理はもちろん、僕の性格や心理まで理解してくれているので、日本代表でプレーするときも、「ここでほしい」というところでトスを上げてくれる。

しかも、ただたんに本数を上げるだけでなく、この場面では、どのトスが欲しいかというところまで理解して持ってきてくれる。

関田さんと同じチームで練習して、試合に出られたことも、僕にとっては大学時代の財産の1つだ。

突然のイタリア行き

人生を変えるできごとといえば大げさに聞こえるかもしれない。でも、今こうして振り返ったときに大きなターニングポイントが、大学1年の夏に訪れた。

練習のときだったか、試合のときだったか忘れたが、理生さんから「話がある」と言われ、2人でカフェに行った。

その年、僕は初めて日本代表に選出されていて、もうすぐアジア大会を迎えるというタイミングだったので、日本代表に関することかと思っていたら、切り出されたのは、考えもしないことだった。

「イタリアのモデナが、祐希に来ないかと言っているけど、興味あるか？」

イタリアのモデナ？　そういわれても正直どんなチームかはわからなかった。でも、僕は即答した。

「あります」

そのころすでに日本代表へ選出されていたことや、U18、U20で対戦した選手たちが、日本では味わえない高さやパワーをもっていることは体感していた。

海外リーグがどのような環境なのかはまったく知らなかったけれど、シンプルに「行ってみたい」と思った。

話はすぐに進み、12月の全日本インカレ（全日本バレーボール大学選手権大会）を終えると、すぐにイタリアへ飛んだ。中央大学に在学する学生でもあったが、最初から「移籍」というかたちで契約を結び、1人の選手としてモデナに加わった。

合流するまで、いや、合流してからもしばらくはまったく理解していなかったけれど、当時のモデナは世界のスーパースター軍団といっても過言ではない顔ぶれがそろっていた。

主将を務めていたのは、ブラジル代表でも長年主将を務めるセッターのブルーノ・レゼンデ。そして、エースはフランス代表のイアルヴァン・ヌガペト（ガペ）。セルビア代表のウロシュ・コバチェヴィッチ、イタリア代表のリベロ、サルバトーレ・ロッシーニといった、いわば世界各国を代表する選手が集まる強豪クラブだった。

よく強い相手と対戦するときに、「相手を見上げる」と表現されることがあるけれど、あのときの僕は、「見上げて」すらいなかった。

なぜなら、彼らのすごさすら、わかっていなかったからだ。

何しろ当時の僕は、高校と大学、ほんの少し日本代表での時間を重ねたばかりだ。僕にとっては、海外、イタリアといわれても未知の世界そのものだった。それでもプレーの質やレベルが圧倒的なことはすぐにわかったし、毎日の練習は刺激で満ち溢れていた。

練習や試合を見て、毎日、「すごいな」と思うことばかり。でも、少しずつその中に入って一緒に練習する時間を重ねていくにつれて、自分にも可能性があるかもしれないと感じられるようになった。

なぜそう思えたのか。自分にも「通用するかもしれない」という手ごたえを感じたからだ。

アタッカーである僕にとって、最初にそう思えたのは、やはりスパイクだった。打ち方を間違えれば当然ブロックされるけれど、全部が全部通用しないわけではなく、しっかり打てれば決められるという手ごたえもあった。

これだけすごい相手に、ちゃんと打つことさえできれば太刀打《たちうち》できる。それだけで、自分の未来に可能性を感じることができたのだ。

そして、今につながるという面で何より大きかったのは、イタリアのリーグがどんなもので、どんな人たちがそこでプレーをしているのか、「プロ」である選手たちの存在と日常を見て、五感で知ることができたことだ。

イタリアへ行く前はリーグの仕組みもわからず、どこが強い、弱い、という基本情報もなかった。

でも、当時のモデナは何個もタイトルを獲っている強豪だった。そして、実際に勝つ姿を目の当《ま》たりにした。

イタリア国内のトーナメント戦、コッパ・イタリアで優勝してガペがMVPに選ばれる姿を見て、自分もこの舞台に立ちたい、あんな選手になりたい、と初めて思った。遠い目標ではなく、自分次第で届く〝いつか〟の目標を描き始めたとしたら、間違いなくこのとき、モデナに行ってからだ。

イタリアへ行く前は、「何とかなるだろう」と思っていた語学も、イタリア語も英語もほぼ話せないという状況では、どうにもできなかった。

語学の必要性を実感したのも、実際にモデナで生活したからわかったことの1つだ。同じことを伝えようとしても、身振り手振りで伝える選手よりも、具体的な言葉で伝えられる選手のほうが意思疎通ができる。プレーでも体現しやすいのは間違いない。そして、当然監督からの信頼も得られる。

そうなれば、出場機会が与えられるのはどちらかという答えは明白だ。

言葉の必要性を実感してからは、毎日少しずつ勉強を重ねた。

テレビやラジオを見たり聞いたりしながら、単語を調べたりした。話せるレベルには程遠い僕の、先生役を買って出てくれた選手もいた。ミドルブロッカーのアンドレア・サーラだ。

アウェイの遠征時は、会場に近いホテルに泊まる。世界のトップクラブとはいえ、当時は２人部屋で、僕はいつも最年長のサーラと同部屋だった。

そしていつも彼は僕に向けてイタリア語の勉強会をしてくれて、「私」「あなた」「彼」「彼女」「私たち」「彼ら」という主語の１つひとつから、Ｂｅ動詞、食べる、飲む、と言った簡単な動詞や数字を優しく教えてくれた。

もしも自分が30代半ばでクラブ最年長になったとき、10代の何も知らない外国籍の選手がやってきて、同じようにあれほど優しくできるだろうか。

そう思ってしまうくらい本当に優しくて、温かかった。サーラだけでなく、ほかの選手たちもスタッフもみんなが温かくて、とても大切にしてもらった。

3カ月の期間を終えて帰国の途に就くときも、チームメイトたちがパーティーを開いて送り出してくれた。

自然と涙があふれ出た。当時取材をしてくださっていたテレビの映像に残されていて、今も時折、あの時の泣き顔が映されるのは恥ずかしい。

けれど、カメラが回っているとわかっても泣いてしまうほど、温かな人たちの中で過ごした、とても大切で、貴重で、幸せな時間だった。

イタリアへの募る思い

帰国してからも、イタリアでの日々は色濃く残っていて、自然に「また行きたい」と考えるようになっていた。

とはいえ現実を見れば、3月に帰国する直前、1年生がペナルティを犯していたので、自転車を使ってはいけない車輪禁止の罰が与えられていた。

学校や体育館から寮までは2・5キロメートルほどの道のりだが、自転車に乗れないのはかなり厳しかった。練習と片付けを終えてみんなで楽しく帰る日々も悪くはなかったけれど、大変だったのは間違いない。

言葉も通じる日常で、仲間と過ごすことは楽しい。でも、イタリアでプロ選手たちがぶつかり合う世界を体験したあとに学生の日常に戻ると、物足りなさを感じていたのも事実だった。

「また行きたい、できるだけ早く行きたい」と思いながらも、現実は簡単ではなかった。

大学生として学業もあり、日本代表として合宿や試合もある。自分のコンディションも整えなければならない。

2年生のときは腰痛や膝痛もあって、海外へ行くことは見送らざるを得なかった。再びチャンスが訪れたのは、その翌年、2016年だった。

2015年、日本代表として出場したワールドカップで、ベネズエラ代表と対戦した。そのときベネズエラチームを率いていたビンツェンツォ・ナッチ監督は、2016年イタリアのラティーナ（現チステルナ）でも監督をしていた。

ナッチ監督からの推薦でオファーを受け、イタリアでの挑戦は1年で終わることなく、次はラティーナへ行くことになった。モデナへ行ったときと同様に、12月の全日本インカレを終えてから、僕は単身イタリアへ渡った。

合流当初はケガの影響もあり、ほとんどプレーすることができなかったけれど、リリーフサーバーで初めてコートに立つと、次第にプレーする機会を得ていった。

当時のラティーナは中盤から下位争いをするチームで、世界のトップ・オブ・ザ・トップの選手が在籍していたわけではない。

でも、そのぶん僕にもチャンスは巡ってきた。そして、周りの選手と会話する機会も増え、少なからず初めて来たときよりはイタリア語も話せるようになっていた。

より密度の濃い経験を重ねるうち、僕の選択肢として、「卒業後も海外でプレーをしたい」と思うようになる。その春からは大学4年、最終学年でもあった。

4年生としてチームで果たさなければならない役割があることはわかっていたけれど、僕は海外でフルシーズン、プレーをしたいという思いをどうしても消せなかった。

いや、むしろ日増しに高まっていた。

さかのぼればラティーナへ行かなかった大学2年のときに、1つの転機があった。日本代表としての経験を重ねて、中央大学としても天皇杯（天皇杯・皇后杯全日本バレーボール選手権大会）に出場して格上のVリーグ勢、日本代表でも一緒にプレーした柳田《やなぎだ》将洋《まさひろ》選手がいるサントリーサンバーズに勝利したことがあった。

大学のタイトルをすべて獲っただけでなく、この1年はずっとVリーグ勢に勝つことを目標にしてきたので、目標を叶えることができたのは嬉しかった。そして、関田さんが主将を務めるチームでプレーするのは楽しかった。

でも、関田さんたちの代が抜け、僕が3年生になると、大学界では自分以上に高さやパワーがある選手はほとんどいなくなってしまった。

そこで周りを引き上げようと努力するというやり方もあったかもしれないけれど、僕は自分自身がうまくなりたいと思い、日々、刺激が与えられる海外でプレーすることを望んでいた。

ラティーナでの2016－2017シーズンを終えて、帰国した僕は、すぐに理生さんにこう言った。

「来年は開幕からイタリアに行かせて下さい。それができないなら、今すぐ大学も辞めます」

理生さんは頭ごなしに「ダメだ」とは言わない。でも、「行ってこい」と即答できる立場でもない。しばしの沈黙を挟んで、理生さんが言った。

「わかった。何とかするから、大学は辞めなくていい。ただ、イタリアへシーズンの開幕から行くとしても、12月のインカレだけは帰って来てほしい」

本心をいえば、一度渡欧したらシーズン中に帰ってくるのは嫌だった。でも、中央大学の学生であり、そのチームの監督は理生さんなのだから、僕だけで決められることではない。

最後の全日本インカレに出場することを約束して、イタリアでの3度目のシーズン、そして、大学生として臨む最後のシーズンが始まった。

インカレ最終日に心に刻んだ言葉

中央大学に入って、日本代表にも選ばれ、モデナへ行くきっかけを得た。そのできごとは僕の人生を変えるぐらい大きなことだ。

そして、ラティーナと契約し、大学に在学しながら2シーズン、イタリアでプレーすることができた。

振り返れば、大学時代は人生の転機であり、恵まれた時間だったと思う。

ただし、今でも後悔していることが2つだけある。

1つは大学2年のときに、イタリアへ行かなかったこと。当時はケガもあったが、イタリアへ行こうと思えば行ける可能性があったなか、行けずに終わった。

タラレバをいったり、過ぎたことを考えたりしても意味がないことは知っているが、それでも、もしも早くからイタリアに行って、ラティーナでの3、4年時もフルシーズンを過ごしていれば、もっと早く、選手として今のレベルに成長できたのではないかと思ったことは何度もある。

そしてもう1つが、大学4年のときにキャプテンであり続けなかったことだ。

10月の開幕に合わせて、最初からイタリアへ行かせてほしいと希望を伝えた際に、唯一の条件が全日本インカレに出場することだった。

そして僕はそれに従った。理生さんとの約束どおり、開幕1週間前に帰国して、チームに合流した。

4月に新チームが発足したときからチームのキャプテンだった。でも、最後の1年はほぼ、日本代表でチームを離れ、その後、イタリアに渡った。

長くチームを不在にした僕に代わってチームのキャプテンを務めていたのが、副キャプテンだった武智だった。

全日本インカレへ臨むにあたり、キャプテンをどうするか。

4年生で話し合う場が設けられた。本心をいえば、僕は1年間のほとんどを離れていたとはいえ、「キャプテンでありたい」という思いもあった。

でも、僕がいない間につくってきたチームであることも紛れもない事実だ。僕が意見をいえる立場ではないことは理解していた。

全員で話し合った結果、キャプテンは僕に戻すのではなく、武智のままインカレを戦うことになった。

そのこと自体に後悔はない。本心では、「キャプテンに戻りたい」と思っていたとはいえ、それを伝え、主張しなかったのは僕自身だ。

後悔しているのは、もっと別の部分だ。

キャプテンでなくなったということを言い訳にして、責任転嫁《てんか》をしている自分がいたことだ。

最後のインカレ、僕たちは準決勝で筑波大学に負けた。

筑波大学のキャプテンは、星城高校のセッターだった中根聡太。聡太だけでなく、ここ一番に対しての熱や根性をもった選手がそろっていた。

負けるならここだと思っていた相手に、２セットを取ってから3セットを取られ、逆転負けを喫し、中央大学の四連覇が潰《つい》えた。

負けたときも、どこかで「そうなるよな」と割り切れている自分もいた一方で、後悔をしている自分がいた。

もしも自分がキャプテンだったら、逆転負けにつながるきっかけとなった場面で、もっとトスを呼んだのではないか。

そもそも心のどこかで、負けたことも、トスを呼ばなかったことも、自分にトスが来なかったことも、「自分がキャプテンをやっていなかったからだ」と思っている自分がいた。何よりそのことを後悔していた。

そもそも人のせいにしている時点でカッコ悪いし、無責任だ。

やればよかったと思っているならば、どうしてやらなかったのか。頭の中に巡る思いを、全日本インカレを終えた夜、スマートフォンのメモに書き残した。

今読むと、その当時の気持ちが溢れていて恥ずかしくもあるが、でも、このときの気持ちを忘れないように残しておこうと思って書いた。


負けた悔しさ。

仲間への感謝。

やらなかったこと。

自分を貫かなかったことに対する後悔。

そして、こう記してある。

「信じるのは自分だ」

「とにかく自分をもってやらないといけない」

今も忘れることなく、はっきりと胸の中にも残っている。

第5章

プロとしての生活

プロとアマの違い

大学を卒業したらVリーグチームをもつ企業に就職して、Vリーグのチームでプレーする。大学入学前は、そんなビジョンを描いていた。

しかし、実際には大学1年でモデナに行き、プロの世界を知ったことが転機になり、大学を卒業するとすぐに、僕はプロ選手として生きる道を選んだ。

最初はシエナで1シーズン、なかなか勝てずに苦しい時間を過ごしたけれど、プロ選手になったことで自分の身体をいかに維持して高めるか、ということに関する意識は格段に変わった。

そもそも僕自身、プロフェッショナルとアマチュアは何が違うかを学生時代はわかっていなかった。

でも今は、「プロとアマは何が違うのですか？」と聞かれたら、その違いはいろいろあるけれど、確実にいえることが1つある。

プロは、すべての責任の所在が自分に向けられる、ということだ。

学生時代の僕は、ケガが多い選手だった。

中央大学に進学すると決めたとき、本来ならば高校時代には取り組んでこなかったウエイトトレーニングを含め、じっくり身体をつくりたいと思っていた。

けれど現実を見れば、イタリア、大学、日本代表と、つねに何かしらの大会や合宿があり、身体づくりに十分な時間を充《あ》てることができなかった。

僕はバレーボールが大好きで、バレーボールをしているときがとにかく楽しい。だから、ケガをしたり、身体のどこかに痛みがあったりすると、それだけでストレスになってしまう。

余分なストレスを少しでも回避するために、そして、よりパフォーマンスを向上させる身体づくりをするために、プロになってからはこれまで以上に食事や休養、セルフケアに意識を向けるようにした。

なぜプロの道を選んだか。

そもそもプロとしてどんなことを考えて行動しているのかは後述するとして、ここでは僕がバレーボール選手としてこだわってきたこと、そして、僕の中では普通だと思っている、日常の生活やバレーボールへの取り組みについて触れていきたい。

まず食事について。

繰り返すようだけれど、僕はあまり食に対する欲求が高くはない。イタリアから帰国すると、「日本に帰ってきて何が食べたいですか?」と聞かれることもあるけれど、僕の答えは決まって、「とくにありません」だ。

考えるのが面倒だからそう言っているのではなく、本当に、「これが食べたい」というものがほとんどない。

むしろそれより、自分の身体、アスリートとして求めるパフォーマンスを発揮するための栄養素を摂取することが、食事の目的になっている。

前述したように、おいしいものが食べられないことや、味付けの不満よりも、必要な栄養が摂れないことのほうがストレスになる。

アスリートの場合、競技特性や年齢、体組成や何を求めるかによって必要な栄養素や摂取量は変わってくる。

学生時代、アンダーカテゴリーの日本代表や、シニアの日本代表に入ってからも、栄養講習を受けることはあった。

プロになってからは専属の管理栄養士にサポートしてもらっている。

まずシーズンに臨むにあたって、何を目標とするか。そこに向かってどんな食事をすればいいか、栄養素をどれだけ摂取すればいいか、そのためにはどんな方法があるかということをアドバイスしてもらっている。

バランスを重視した生活スタイル

イタリアでは基本的に自炊がメインだ。外食では摂れる食材や栄養素に限りがあるからだ。

たいてい朝食は、ごはんと目玉焼き、フルーツとヨーグルト。最近はたんぱく質を摂取するために冷凍したサラダチキンをつけることもある。

昼食は、練習の合間になることも多いので、チームのレストランへ行き、パスタと肉か魚のメイン料理にサラダを摂っている。

練習後の夕食は、ごはん、野菜をたくさん入れたスープ、肉か魚をグリルしたもの。たんぱく質の量が足りていなければスープの中に鶏肉を入れたりするし、寝る前には補食としてヨーグルトを摂取したりすることもある。

ごはんや食材の量もどれだけ食べたかが大切なので、野菜を切るときは数を数えているし、ごはんも炊飯器の横にクッキングスケールを置いて、必ず計測している。

イタリアは野菜や果物の種類は豊富で、材料には困らない。

でも、なかなか手に入らなかったり、自分で料理するのは難しかったりする食材もある。とくに植物性たんぱく質は摂取しづらく、サラダを食べるときに豆を入れる程度だ。

そのぶん日本にいるときは納豆を食べたり、動物性たんぱく質でもアミノ酸スコアが優れた卵を卵かけごはんで食べたりすることもある。

フルーツや野菜もできるだけいろいろな種類を摂取するようにしていて、自分では満足した食生活ができているけれど、人から見ると、そんな生活も不思議に映るらしい。

「よく毎日ほぼ同じメニューで飽きないね」

そう言われることにも慣れてきた（笑）。

それでも近頃は、イタリアで外食をするときに、以前よりも本当においしいものを食べる喜びもわかるようになってきた。

僕にとってはすべてが充実した食生活だ。

身体をつくるために、食事と同じぐらいに大切なのが睡眠だと考えている。どれだけいい練習をして、食事が摂れていたとしても、睡眠が不十分だったり、質のいいものでなければ、それらは生かされない。

できれば睡眠は1日8時間とるようにしているけれど、アウェイゲームのあとは試合を終えてから移動するので、場所によってはミラノに戻ってくるのが朝方になることもある。

ホームゲームでも、イタリアリーグは試合開始時間が遅く、土日は18時か19時ごろから始まるのに対して、平日は20時や20時半から試合が始まるので、フルセットになると試合が終わった時点ですでに0時近くになることもある。

そこからクールダウンをして、食事を摂って、シャワーやストレッチ、膝に低周波治療器を当てるセルフケアを行うと、深夜2時を過ぎることもある。

そういうときは多少睡眠時間を削ることもあるし、翌日がオフならば朝食を摂らずに睡眠を優先することもある。

こうしなければならないと日頃からルーティン化してしまうと、できなかったときに「あれができなかったからダメだ」と考えてしまいがちなので、僕の場合はあえてルーティンをつくらない。

食事も生活もバランスが大切。たとえ睡眠が十分にとれなかった日があったとしても、次の日にリカバリーするなど、自分でうまく調整する力も大切だ。

学生のころと違うのは、学生時代は授業があって、部活としてバレーボールをしていたので、自由な時間は限られていた。

とくに1、2年生のころは履修しなければならない単位数も多いので、当然、授業数も多い。

身体のことを考えれば、もっと休まなければと思っても、練習の準備や片付けもあって、睡眠時間が削られてしまうことも多かった。

若いときはそれでもいいかもしれないが、しっかりと身体を休ませることは大切だ。イタリアをはじめ、ヨーロッパでプレーする外国籍選手の中には、10代からプロ選手として活動、活躍している選手も多い。

そういった世界のトップ選手とプレーしていると、技術が磨かれていくだけでなく、身体づくりに対する意識や注がれている時間にも目がいくようになった。

学生時代は食事や身体づくりを意識するといっても限界があるかもしれない。それならまずは、できることから意識して行動するようにしても損はないはずだ。

SNSとの付き合い方

寝ているときはもちろんだけれど、食事をしているときも基本的にバレーボールのことは考えないようにしている。

そういうと、「じゃあ、それ以外の時間はずっとバレーボールのことを考えているの？」と思われるかもしれないが、答えは「イエス」でもあり「ノー」でもある。

繰り返すようだけれど、僕はバレーボールが好きなので、バレーボールのことを考える時間も好きだし、必要だ。

考えようと思えば1日中考えることもできるけれど、たまにはリラックスする時間もほしい。

そういうときはバレーボールとは関係のない動画を見たり、アニメを見たり、日常生活でも、「こうしなければならない」というルールを設けないようにしている。

イタリアでも試合のたびに移動があり、日本代表の活動でも移動時間が長いことはよくある。

その時間を、僕は動画を見たり、睡眠に充てたりしているけれど、周りの選手たちも、スマートフォンやタブレットで映像や動画を見ているようだ。

ＳＮＳに対して積極的な選手もいるが、僕はそれなりにやりつつも、基本的には距離を保つようにしている。

いろいろな人からの意見も目にはするけれど、客観的に捉えるタイプだ。

大きな大会や、注目を浴びる大会になればなるほど、誹謗中傷《ひぼうちゅうしょう》が向けられることも多い。そうなれば当然、僕自身も目に入ることもある。

そこに書かれていることが事実であろうとなかろうと、見るだけで不快な思いをするからシャットアウトしているという人もいるけれど、僕はそれも意識しないようにしている。

見るときは見るし、見ないときは見ないというスタンスだ。

それでもたまに目に入る言葉のなかには、ときどきプレーに対して、「今日はスパイクが全然決まっていなかった」と書かれることもある。

「たしかにそうだな」と思う日は、それに対して納得することもあるし、「もっとがんばろう」「パフォーマンスを上げよう」と思うこともある。

感情的なところで何かをいわれていたり、僕たちがどんな考えをもってやっているかということを無視して勝手に論じられたりして、「少し違うよな」と思うこともあるが、「へー、そう思うのか」と客観的に捉えているので、気にすることはほとんどない。

寝る直前や起きてすぐにスマートフォンに触って、SNSをチェックしている選手もいるけれど、僕はやらない。

日本代表の合宿や遠征中は例外もあるけれど、イタリアで生活しているときは、そもそも寝室にスマートフォンを持ち込まない。

寝る前は本を読んだり、イタリア語の勉強をしたりしている。

朝も目覚まし時計を使って、設定した時間になったら、すぐに起きて朝のいろいろな準備をするようにしている。

自主練習は自分の感覚を合わせる

生活と同じでバレーボールのプレーでもルーティンはほぼつくらない。あえていうならばサーブのときにエンドラインから6歩下がるぐらいしかない。

日々の練習でも必ずこれはやる、これだけはやらないと終わらないというものはとくにない。強いて挙げるならば、学生時代から自主練習の時間は必要で、大切だと思って取り組んできた。

チームとして定められたなかで行うメニューにくわえて、なぜ自主練習が必要なのか。

自主練習は僕にとって、あくまで自分の感覚を合わせる、調整するために必要な時間だと思っているからだ。たとえば、サーブ練習ひとつをとってもそうだ。

定められた時間内でのサーブ練習であれば、目的はミスをせずどう打つか。

現代バレーのなかでサーブは、勝敗を決める大きな要素だ。だからこそ、勝負所で打ちたいサーブを的確に打つためには、練習中からミスをせず、どう打てばいいサーブを打つことができるかが大切だ。

全体練習のなかでは1つひとつ細かく考えながら打つ時間はない。でも、練習で試しておかなければ、試合ではできない。

同様に、ミスが出るときはどんなふうに打っているのか。その感覚を確かめる時間が必要で、それが僕にとっては自主練習の時間でもある。

サーブだけでなくスパイクや、サーブレシーブ、レシーブも同じだ。

あまり感覚がよくないなと思っているときは、たくさんボールに触る時間も必要だ。サーブレシーブも多くの数をこなすことで、ボールが正確に返る、返らないということだけでなく、自分のかたちを確かめる時間をつくることができる。

その1本1本の繰り返しから、ここだ、というポイントを見つけられることもある。サーブのトスも同様で、サーブがうまくいかないからとやみくもに打つのではなく、トスをもう少し右にしようかな、左にしようかなと確かめるのは、自主練習でしかできない。

なぜなら、繰り返すようだけれど、全体練習は自分だけの練習時間ではなく、チームとしての練習時間だからだ。そのため、ミスをせず、より試合に近い状態でプレーすることが大切になってくる。

とはいえイタリアにいるときは、体育館を使用する時間も限られているので、自主練習の時間を取ること自体がなかなか難しい。

イタリアでの練習は大半がゲーム形式なので、個別のサーブ練習といっても1人3本程度。決められた本数でいかにベストサーブが打てるかという練習のときに、自分の感覚を試す余裕はない。

日本代表の合宿中のほうが、比較的自由に練習する時間が取れるので、僕は基本的に15〜20分間程度、自主練習の時間を入れるようにしている。

そのときどきで試したいことは変わるけれど、たいていの場合は午前中にサーブレシーブをして、午後練習を終えたあとに、サーブを15分間程度打って調整する。

ときにネットへかかることもあれば、アウトすることもある。見ている人からすれば、ただサーブを打っているだけで、何のための練習なのだろうと思うかもしれない。

でも、僕にとって、「今はこの感覚を知りたい」という明確な目的がある。

よく「石川選手はどんな練習をしていますか？」と聞かれることもある。

大事なのは、どんな練習をするかということ以上に、その練習にどんな意識で臨んでいるかということだ。

自分が「こうしたい」「こうなりたい」と思い描けていれば、人の練習を見ていてもプラスになる要素はいくつもある。

たとえば、僕もサーブレシーブやレシーブの練習の際に、山本智大《やまもとともひろ》選手や小川智大《おがわともひろ》選手、髙橋藍選手のように、レシーブ力に長けた選手の動きを観察して、「こうやっているから返るのか」とヒントを得たり、学んだりすることが多い。

でも、「こんな練習をしているのか」とただ見ているだけでは、何も得ることはできないだろう。

自分がどうなりたいか。何をしたいのか。具体的なイメージをもって練習に取り組んだり、周りの練習を観察したりすれば、いくらでも吸収することができる。

学生時代は、自主練習といわれると、「嫌だな」と思う人もいるかもしれない。とにかく練習しようと、具体的な目的もなく長時間続けてしまう人もいるかもしれない。それも悪いことではないけれど、レシーブが返る確率の高い人には理由があるし、ブロックがいてもスパイクを決める確率が高い人にはそれができる要因がある。

目的をもって臨めば、自主練習は自分の感覚を磨くだけでなく、周りから得たくさんのヒントを試すことができる絶好の機会になるはずだ。

世界と戦うために必要な要素

バレーボールにはさまざまなプレーがある。サーブ、ブロック、スパイク、レシーブ、トス。

それぞれポジションもあって、何を専門にするか、多少の違いはあるけれど、基本的にすべてのプレーができればそのほうがいい。

とくに僕のポジションであるアウトサイドヒッターは、サーブも打つし、レシーブもして、スパイクも打つ。もちろん、ブロックにも跳ぶし、状況に応じてはトスも上げる。すべてのプレーをソツなくこなすことが求められるポジションだ。

そのなかでも、ここ数年のバレーボール界でもっとも重要なプレーは何か、と問われたら、もちろん点を獲るためのスパイクやブロックも重要だけれど、やはり一番はサーブではないかと思っている。

バレーボールで、サーブは唯一、自分のタイミングで打つことができる。

どんなにいいトスが上がってきてスパイクを打ったとしても、相手のブロックがそれ以上であれば止められてしまうこともある。

その点、サーブは打つまでは完全に個人の技量であり、唯一の個人技になる。

相手のミスでも1点が加わるラリーポイント制で、相手より早く25点を獲ったチームが勝つというシンプルなルールのなかで、互いに点を獲り合っていたら決着はつかない。

勝つためには相手と最低2点差をつけなければならないので、必ずリードしなければならない場面があり、そのときにきっかけをつくるのが、サーブであることが多いのだ。

テレビで見ていると、「どうしてこのサーブが取れないんだろう」と思う人もいるかもしれないが、1人ひとりのサーブを細かく見ると、まるでスパイクのようなジャンプサーブを打ってくる選手もいれば、フワッとした軌道に見えるけれど、レシーブする直前でストンと落ちるサーブを打つ選手もいる。

海外の選手だと身長が高く腕も長いので、サーブをヒットする打点が高くて軌道も読みづらい。同じ選手でも、スピードサーブを打ったかと思えば、次には前に落としてきたりすることもある。1球1球ごとに、実はさまざまな駆け引きがある。

嫌なサーバーは誰かと聞かれれば、サーブ力のある選手ばかりなので選ぶのは難しいけれど、圧倒的にスピードが速いと感じたのが、ポーランド代表でイタリアのペルージャでプレーするウィルフレド・レオン選手だ。

ケガをしてしまって今は本調子ではないけれど、ケガをする前のレオン選手のサーブは、「瞬《まばた》きをしたらサービスエースを取られてしまう」と感じるほど速かった。

レオン選手以外にも、同じくポーランド代表で、ポーランドリーグのザビエルチェでプレーするマテウシュ・ビエニエク選手も嫌なサーブを打つ選手だ。

レオン選手のように圧倒的なスピードがあるわけではないけれど、ジャンプサーブを打つモーションではないのに、そこからジャンプサーブを打ってきたり、緩急をつけて打ち分けたりしてくるので読みづらいし、取りづらい。間違いなく世界トップクラスのサーバーの1人だろう。

もちろん海外だけでなく、日本代表選手にもサーブ力に長けた選手はたくさんいる。

ジャンプサーブならば、やはり一番は西田有志選手。とにかくスピードが速いし威力もある。同じオポジットで、2023-2024シーズンはフランスのパリ・バレーでプレーした宮浦健人《みやうらけんと》選手も、日本が誇るビッグサーバーの1人だ。

とくに宮浦選手の場合は、レシーバーからすれば真っすぐ飛んでくるのではなく、斜めに来て落ちるのでとても取りづらい。練習よりも試合のほうが何倍も威力あるサーブを打つ選手なので、味方としては本当に心強い選手だ。

バリエーションが豊富なのはセッターの関田誠大選手。前後に揺さぶるし、伸びてくる。ジャンプフローターサーブのモーションからスピードサーブも打つので、相手からすれば本当に厄介なサーブを打つ選手で、実際に関田選手がサーブのときに日本が連続得点するケースも多い。

東京オリンピックやその前も含めて、一緒に日本代表でプレーした選手を挙げるならば、李博《りはく》選手のサーブもいいサーブだった。勝負強さでいえば、やはり柳田将洋選手だ。「ここでほしい」というい い場面でサービスエースを取ってくれるし、スピードも速い。高いところから落ちてくるのではなく、ネットぎりぎりの軌道で入ってくるので、受ける側からすれば実際の速度以上に速く感じる。

日本の男子バレーが強くなったと聞く機会が増えて、要素を聞かれるたびにいろいろなことを答えてきたけれど、間違いなくいえるのは「サーブ力」だ。

日本のサーブは、世界にも通用する大きな武器になっている。

第6章

日本代表に選出されて

緊張の初代表で起こった事件

日本代表に初めて選出されたのは2014年、10年前のことだ。当時は高校を卒業して、中央大学に入学したばかりだった。アンダーカテゴリーの代表には馴染《なじ》みがあっても、文字どおり、「全日本」として戦うシニア代表に自分が選ばれたことに対して、最初は実感が湧かなかった。

初めて顔を合わせたのは5月だった。ほとんどがVリーグで戦う選手ばかりなので、Vリーグを終えたタイミングで合宿が始まる。少し緊張しながら僕たちはナショナルトレーニングセンターに集合した。

当時の僕は18歳の最年少だ。選出されていた選手のなかには、異なる大学の先輩どころか、これまで接点のない大先輩もいる。

高校から大学へ入って、初めて上下関係を知ったばかりだったので、大人の選手ばかりが集まる日本代表に、少しではなくかなり緊張しながら行ったことだけは覚えている。

ただ、高校のころから接点があった山内晶大《やまうちあきひろ》選手や柳田将洋選手、ユース代表でも一緒だった髙橋健太郎《たかはしけんたろう》選手がいたので、少しだけ安心した。

とはいえ、当時は2年後にリオデジャネイロオリンピックを控えているだけでなく、２０２０年に東京オリンピックが開催されることも決まったばかり。

男子バレー日本代表は、２００８年の北京《ペキン》オリンピック以来出場できていなかったので、「何が何でもオリンピックへ」と士気が高まっていた。

そのなかに、何もわからない状態でポンと入った。ビビるのも当然だった。

細かいことはハッキリと覚えていないけれど、毎日とにかくピリピリした緊張感が漂っていたことだけは記憶にある。練習中も私語や笑い声はなく、与えられたメニューに黙々と取り組んでいた。

今でもしっかり覚えていることがある。

それは6対6に分かれたゲーム形式の練習のときだった。1本目をセッターの選手がレシーブしたので、僕は何げなく、それまでやってきたように自分がトスを上げる、とアピールしてボールの下に入った。

とったのはほぼコートの中央で、身体はレフト側を向いていた。レフトから攻撃準備に入る選手も見えていたけれど、ネットを挟んだ相手がブロックに2枚つくのも見えた。

だから僕はより決めやすいようにと背中側、ライト側にいた清水邦広さんにバックトスを上げた。

その打球が決まったか、決まっていないかは正直覚えていない。ハッキリと記憶に残っているのはそのあとだ。

「石川！」

清水さんに呼ばれた。何だろう、トスが悪かったのかな、と思いながら駆け寄ると、思い切り怒られた。

「トスは身体が向いた方向に上げろよ！」

当時のチームではそれが決まりごとだったのだ。

以前から日本代表だけでなく男子バレーも女子バレーも、基本的にレシーブが乱れてセッター以外の選手が上げる二段トスは、「高く、丁寧に、向いた方向に上げる」というのがセオリーだった。

でも、僕にとって、「それが本当に必要か」といわれれば決してイエスではない。

大事なのは、「決める」ことであって、むちゃくちゃなトスを上げたのならばダメだといわれても仕方がないけれど、打てるトスを上げて、しかも決まったのならそれでいいと思っていた。

だから清水さんに対して迷わずトスを上げた。でも、それが「ダメだ」と怒られた。そのときは謝ったかもしれない。いや、たぶん謝った。

でも、それからも同じシチュエーションのときには同じように、向いた方向ではない逆方向にトスを上げることは何度もした。

僕だけでなく、たしか柳田さんも同じようにしていた。

間違っていないと思っていたから、怒られてもやっていたが、当時の清水さんは「ふざけんなよ」と内心呆《あき》れていたらしい。

でも、この話には後日談がある。２０１４年には怒られていたプレーも、それから時間が経《た》つにつれ、どんどん当たり前のプレーへと進化した。

むしろ今では、体の向いた方向とは逆に上げることは当たり前になり、それどころか打つと見せかけてジャンプしたままトスを上げるフェイクセットも、ごくごく当たり前に行われるプレーとなり、選択肢の１つになった。

2021年、本来の開催から1年延期した東京オリンピックを終えた夜、部屋でお疲れ様会と称して選手同士でいろいろな思い出話をする会があった。

そこで僕が清水さんに上げたあのトスの話題になると、清水さんが笑いながら僕に言った。

「石川、ごめんな。お前のほうが時代の先を行ってたわ」

僕も笑いながら言い返した。

「ほんとですよ。清水さん、あのときはめちゃくちゃ怒ってましたから」

今となってはいい思い出だ。でも、当時は毎日が緊張の連続だった。

初の大会で学び得たこと

日本代表として初めて出場したのが、初選出と同じ年、9月に韓国の仁川《インチョン》で行われたアジア大会だった。

バレーボールにはさまざまな国際大会があり、世界選手権やワールドカップなど、ゴールデンタイムで放映されてきた大会も多いが、アジア大会はバレーボールだけでなく、さまざまな競技の選手が一同に会する、いわばオリンピックのアジア版といった規模の大きな大会だ。

予選リーグから始まって、初戦で初めてコートに立ち、2戦目のパキスタン戦で初めてスパイクも決めることができた。

でも、もっとも印象深かったのは、予選リーグを勝ち上がり、トーナメント式の準々決勝でのインド戦だ。

1セット目を奪われ、2セット目は取り返すも3セット目もインドに獲られセットカウント1対2、負ければ上位進出は絶たれる。

3セット目の終盤にリリーフサーバーとして投入された僕は、4セット目は米山裕太《よねやまゆうた》選手に代わってコートに立った。

実はそのときの僕の準備は万全だった。

リザーブエリアで試合を見ながら、「なかなか出番がないな」「出られないかな」と思いつつも、いつ呼ばれてもいいように、ジャンプをしたり、ダッシュをしたり、しっかり身体を動かして、いつでも行ける用意ができていたからだ。

そのおかげで「行くぞ」と呼ばれたときも驚くことなく、むしろ「やっと出番がきた」という嬉しい思いが上回った。

あとがない状態だったことも、プレッシャーではなく、「開き直って自分のプレーをしよう」と思う要素にもなった。

しっかり準備ができていたぶん、身体も動いてスパイクもサーブも好調。4セット目を取り返すと、5セット目も15対13で日本は逆転勝利することができた。

そして、翌日の韓国との準決勝には、この大会で初めてスタメン起用されて、3対1で勝利できた。

決勝は、当時アジアでいちばん強かったイランに1対3で負けてしまい、銀メダルに終わったけれど、自分自身のパフォーマンスを見れば、トータル的には納得できる成果を残すことができた。

たまたま男子バレーの決勝戦が大会最終日の前日、勝っても負けてもメダルということで、多くのメディアの方々も集まり、注目していただいた。

取り上げてもらえることや、メダルを獲れたことも収穫だったが、日本代表として初めての大会で学んだいちばん大事なことは、「準備の大切さ」だ。

スタートからだろうと途中出場だろうと、いつでもコートに立てるように、しっかりと準備をしているからこそチャンスは巡ってくる。そして、そのチャンスをつかんで自分のものにできる。

初めてのアジア大会は、準備の大切さを学び、そして、その準備の成果を発揮することができた大会だった。

目の前を走る先輩の背中

アジア大会で銀メダルを獲得した。しかも、最初の国際大会でメダルを獲れたのはすごいことだ。でも、注目を集めているという実感はなかった。

取り巻く環境や露出の回数が激変したのは、アジア大会の翌年、２０１５年のワールドカップからだった。

前述のとおり、バレーボールには多くの国際大会がある。そのなかでいちばん大きな大会がオリンピックで、次が世界選手権。そして、ワールドカップだ。

世界選手権とワールドカップの何が違うのかといえば、世界選手権はもっとも多くの出場国が参加し、大会自体の歴史も古く、最初はリーグ戦から始まって、最後はそこからトーナメント戦で勝ち上がったチーム同士が決勝戦を行って世界一を決める。

ワールドカップは、世界選手権、オリンピックと同様に、4年に1度開催される大会で、開催国と北米、南米、北中米、アフリカ、ヨーロッパ、アジアなど各大陸上位のチームが出場し、総当たりで戦って順位を決め、2015年の大会までは上位2チームが翌年のオリンピックに出場する権利を得られた。

2015年のワールドカップは日本で開催されることもあり、大会前から若手の注目選手として、僕と柳田さん、山内さん、健太郎さんの4人は、取材を受けたり、テレビ番組に出演したりする機会が多く設けられていた。

正直にいうと、僕はバレーボールだけをしていたかったし、人前に立ったり目立ったりするのはやはり苦手だった。

何よりワールドカップの直前も、AチームとBチームで紅白戦をするときに、僕はどちらかといえばBチームに入ることのほうが多かった。

「大会前にはこれだけ取り上げてもらっているけれど、実際の試合に出る機会はそんなにないんだろうな」

本音ではそう思っていた。そして、

「アピールできる機会があれば自分のやることを精いっぱいやるだけだ」

そう開き直っていた。不思議なもので、そういうときにチャンスは巡ってくる。

ワールドカップ直前の8月。ポーランドで開催されたフベルト・ワグネル記念大会に開催国のポーランド、フランス、イランと日本の4カ国が出場した。

大会前はあまり調子が上がらず、そのときも僕はBチームだったが、最終戦のイラン戦で出場機会を得た。

「どうせワールドカップにも出られないなら、楽しくプレーしよう」

そう自分に言い聞かせて思い切ってやった結果、3対0で試合にも勝利し、僕自身もそれなりの成績を残した。

そのときの活躍が契機になり、9月8日に開幕したワールドカップでは、初戦のエジプト戦からスタメンに抜擢《ばってき》された。

フルセット勝ちで、僕自身としては反省が残る試合となったが、続くアメリカ、オーストラリアとの初戦からの3連戦を2勝1敗で終えた。

経験を重ねるなかで、世界の高さに対しても、自分が通用する手ごたえを少しずつつかめるようになっていった。

アウトサイドヒッターで対角に入る柳田さんとは、年齢も近かったので普段から仲も良く、いろいろな話をして、コートの中でも助けてもらった。

そもそも柳田さんに初めて出会ったのは高校3年のときだった。

当時から春高で活躍していた柳田さんを知っていたし、スパイクのフォームがとてもきれいだなと思って真似をしてきた。

ボールを叩く力もあるので、パスが崩れたところからのハイセットを打つのも上手で、何より、当時から柳田さんのサーブは日本の大きな武器だった。

まだ柳田さんも国際試合での経験は少なかったので、2人で強い相手に対していろいろできることが増えていくのが楽しくて、僕らはただ夢中でプレーした。

試合を重ねるごとに、周囲の環境はどんどん変化する。注目度や観客の数が、目で見てわかるほど変わっていった。

日本代表は広島で開幕して、最初の3戦のころはまだ観客席に空席が目立っていたが、4戦目になると会場は満員。6戦目のチュニジア戦から会場が大阪に変わると、スタンドもアリーナも超満員。

最後の東京ラウンドでも同じように超満員で溢れ返っていた。

事前の大会告知も兼ねていろいろなテレビに出た成果もあるかもしれない。けれど何より、自分たちでプレーしていても2015年のワールドカップはとにかく楽しかった。

柳田さんの存在はもちろん、オポジットの清水さんも攻撃力があり、リベロの永野《ながの》健《たけし》さんはレシーブ力とリーダーシップがあった。そして何より、セッターの深津英《ふかつひで》臣《おみ》（オミ）さんのトスが最高だった。

星城高校の先輩でもあるオミさんは、とにかくトスのテンポがいい選手だ。

セッターがトスを上げる手元を見て僕たちアタッカーは攻撃に入るので、その瞬間、ボールを出すタイミングが、状況ごとに変わるセッターだと、思い切って攻撃に入りづらい。

オミさんは、とにかく同じテンポでリズムよく上げてくれるので、多少トスが短くなったり長くなったりすることがあっても十分カバーできた。そして、オミさんから、

「ごめん、トスが悪かった」

と言われることがあっても、僕にとってはほぼ全部いいトスだと思えるようなセッターだった。

嬉しいけれど嬉しくない受賞

大会を通じて、オミさんのトスはつねに打ちやすかったので、どんな相手に対しても真っ向勝負を挑めた。

とくに最後の東京ラウンドでは、アルゼンチン、ポーランド、ロシアとまさに世界トップレベルの強豪との対戦するなかで、結果は3戦全敗だったけれど、手も足も出ず、歯が立たなかったというわけではなく、それなりにいい勝負ができたという手ごたえを感じられた。

もともと僕は強いといわれる相手と戦うほうが好きで、気合も入る。

相手が強ければ強いほど、競《せ》り合えば競り合うほど、お互いに決めたときは楽しいし、次はどうしよう、どう来るか、と駆け引きをするのが面白い。

ガチで勝負しているぞ、という空間がたまらなく好きだ。もちろん、相手のほうが圧倒的に高さやパワーで上回ることもあるので、スパイクもブロックで止められ、どれだけいいサーブを打っても簡単に返されることもある。

でも、それすらも楽しい。なぜなら、「これでもダメなら、次はもっとこうしてみよう」と考えて、「もっと、もっと」と次の頂が見えてくるからだ。

当時はまだ、技の種類も少なくて、ブロックに止められると、「次はどうしよう」と考えても、実際に出せる技のパターンが限られていた。

ブロックに止められたら、「今度は止められないように間を抜こう」と思うぐらいだった。

今のようにプッシュやフェイント、リバウンドも織り交ぜて攻撃できるようになったのは、もちろんイタリアで経験を積んだからだ。

でもきっと、あのときのポーランドやロシアに立ち向かった経験も、糧《かて》になっていると思う。

強い相手だからこそ、得られるものは大きい。

実際に最終戦のロシアとはフルセットで、勝てそうなチャンスもあった。

結果的に日本の最終成績は6位で、この時点で2位以内に入ってオリンピックの出場権を得ることはできなかった。それでも僕の中では完全に可能性が絶たれるまでは強豪を1つでも倒せばチャンスにつながるかもしれないという思いがあった。

11試合を戦い、翌年のリオデジャネイロオリンピックの出場権を獲得したのは、1位のアメリカと2位のイタリアだった。

同じ10勝1敗でもセット率で及ばなかったポーランドは3位で、出場権を獲得できず、表彰台に上がってメダルをかけられている最中もポーランドの選手たちは悔しくて泣いていた。

その表彰式で、僕も表彰された。セカンドベストアウトサイドスパイカーに選ばれたからだ。

正直にいえば、僕は嫌だったし、恥ずかしかった。それはなぜか。理由は簡単だ。

「6位だったのに、なぜ僕が?」

という思いしかなかったからだ。

目の前で表彰台に立ち、喜び、悔し泣きする選手もいるなかで、表彰台にも上がれず、決定率も4位という僕が、セカンドベストアウトサイドスパイカーなんてあり得ない。日本開催だからとしか考えられなかった。

だから、直後にミックスゾーンで受けた取材で、受賞の喜びを求められると、僕は素直にこう言った。

「嬉しいけれど、嬉しくないです。次は、表彰台に上がって（賞を）もらえる選手になりたいです」

同じ賞でも「心から嬉しい」と思えたのは、そのワールドカップから8年後のことだった。

オリンピックという舞台

2015年9月にワールドカップを終え、2016年5月からはリオデジャネイロオリンピック出場をかけた最終予選が行われた。

世界複数カ所で行われる最終予選、日本も会場となりアジア予選も兼ねた日本ラウンドには、日本、ポーランド、フランス、カナダ、ベネズエラとオーストラリア、イラン、中国が参加。

上位3カ国とアジア最上位のチーム、計4カ国がオリンピックへの出場権を手にすることができる。

この大会を万全な状態で迎えるために、僕は2015－2016シーズン、イタリアリーグでプレーすることを断念した。腰、膝とケガが相次いだことが理由だった。冷静に考えれば、大学、日本代表、イタリアのセリエAと3カ所すべてでフルで戦うのは明らかにキャパオーバーだった。

本心としては2015年の、ワールドカップを終えたあともイタリアでやってみたいという思いはあったが、無理をしてケガをしたらオリンピック予選に間に合わない。国内でコンディションを整えるべきだという声に従った。

そこに反論できる経験も知識も、当時の僕は持ち合わせていなかった。

ワールドカップ後に中央大学に戻り、全日本インカレに出場した。

身体の状態が万全だったわけではないけれど、それまで世界の高さやパワーを相手に戦っていたので、大学生の大会となれば決まる攻撃は多い。

加えて、この年には関田さん、今村貴彦さん、伊賀亮平さんといった攻守の要《かなめ》となる先輩たちがいて、チームとしての力も盤石《ばんじゃく》だった。

前述したように、12月の全日本インカレを連覇し、天皇杯では実業団のサントリーサンバーズに勝利することができた。

大学生として得られる最高の結果を残し、2016年を迎えた。

Vリーグが開催されている間、大学生はオフシーズンになるので、同世代の選手たちが集められて合宿を行い、4月からはまた日本代表がスタートした。

あっという間に迎えたリオデジャネイロオリンピック予選は、文字どおりあっという間に終わってしまった。

初戦のベネズエラには勝利したものの、2戦目の中国にまさかのストレート負け。ワールドカップのときにはうまく回っていた歯車がずれていくのを止められないまま、ポーランド、イランにも敗れた。

5戦目のオーストラリア戦では、2セット目の途中で僕は右足首を捻挫し、交代を余儀なくされた。

トレーナーに応急処置をしてもらって、その後にコートに戻ったけれどプレーを続行することはできず、ストレート負けを喫したこの日、日本のオリンピック出場がついえてしまった。

次戦のカナダに敗れ、最終戦はフランスに勝利したものの、最終成績は7位。オリンピック出場が叶わず、涙する選手もいた。

その姿を見て、オリンピックというものが選手にとってどれほどの存在なのかがわかった気でいた。けれど、本当の意味でそのすごさを目の当たりにしたのは、予選から2カ月後に開催された、リオデジャネイロオリンピックの本番だった。

4年後には東京オリンピックが開催される。その前にオリンピックを体感したほうがいいからと、僕は現地でオリンピックの試合を観戦した。

コートに立つ選手は、数カ月前まで同じコートで戦っていた選手たちなのに、目の色も、見せる表情もプレーもすべてが違っていた。

観客の熱狂ぶりもすさまじく、開催国のブラジルが優勝したこともあり、これまで僕が見たことがないほどの盛り上がりを見せていた。

そのとき、僕は初めて心から思った。

この舞台に立ちたい。オリンピックで勝ちたいと。

第7章

人生の決断と気づき

内側から生まれた責任感

リオデジャネイロオリンピックの翌年、2017年は男子バレー日本代表にとって、新しいスタートというべき年だった。

中垣内祐一《なかがいちゆういち》監督が就任し、フランス人のフィリップ・ブラン氏をコーチとして招聘《しょうへい》した。

ブランコーチはフランスやポーランドの代表チームでも監督、コーチを務めた経験があり、ヨーロッパのクラブチームでも監督を務めた人だ。

スタッフが変わったことでメンバーも変わり、新たな気持ちでスタートを切った一方で、自分自身はとにかくケガが多いシーズンになってしまった。

イタリアのラティーナで腹筋の肉離れを発症した。その影響で、帰国後には腰を痛めるという負の連鎖が起こった。

治療やリハビリもいきとどかず万全ではないなか、9月開幕のグラチャン（ワールドグランドチャンピオンズカップ）に向けた日本代表合宿が始まった。そして、グラチャン2日目に膝の内側側副靭帯《ないそくそくふくじんたい》を痛めてしまい、その後はほとんど出場することができなかった。

でもこのケガは、ただの苦い記憶になっただけでなく、のちに僕の人生を大きく変える決断にもつながっていく。

そもそもなぜこれほどケガをしたのか。

当時の僕は明らかにキャパオーバーだったということもあるけれど、多少のケガでもできると、試合や練習で無理をしてしまったからだ。

学生時代、それこそ小学生や中学生のころから、「ケガをしても休むな」と教え込まれている選手も多く、捻挫ぐらいなら、とテーピングをして試合に出場することも少なくない。それが何年も経ってから慢性的なケガを招き、引退を早めてしまうことだってある。

いずれも決していいことではないが、くわえてケガをしていてもどうしてもこの試合は出たい、という状況もときにはある。

たとえば今僕の立場ならば、オリンピックや、クラブで世界一になるチャンスがあったら出場を優先するはずだし、高校生や大学生のころならば、春高の決勝、全日本インカレの決勝も同じだ。

大切なのは、その判断を選手や身近にいる指導者だけでなく、専門家がしているかということだ。

高校生や大学生のチームを見れば、ドクターどころか常駐のトレーナーがいないチームも少なくない。いや、むしろほとんどといってもいいかもしれない。

ケガをしても、「冷やして休めておけ」ではなく、すぐに検査をして状況を把握したうえで、出るか出ないかを決めるのが世界のスタンダードだ。

しかし日本では、「無理しても出ろ」こそ少なくなったかもしれないが、本人の「痛い」「痛くない」という判断で決めてしまう。これではケガが減るはずがない。

とくに学生カテゴリーは、ケガを招く要素がいくつもある。

日程の都合上、春高やインターハイ、全日本インカレといった、その世代にとって最大のターゲットとなる大会は、ほぼすべてが連戦になる。

「若いからできるだろう」と判断されて、実際にできてしまってはいるけれど、若いからできるのはあくまで体力の問題であって、身体の細かな部分に目を向けたときにそれが正解かといえば考えるまでもない。

今の僕ならば、専門家に意見を聞きつつ、自分の身体がどういう状態で、筋肉の状態がこうで、疲労はどれくらいたまっているということが理解できる。

そして、これ以上やると危ないと思えば、「無理です」と言うことができる。

でも、学生や子どもたちは違う。「無理です」と言えば怒られるかもしれないし、この先試合に出る機会を失ってしまうかもしれない。

もっといえば、あのころの僕のように、「やればできるのではないか」という推測でやってしまう体力は十分にある。だからこそ、選手だけでなく指導者や周りの大人が正しい判断のもとに介入しなければいけないと思う。

実際にキャパオーバーでケガが頻発した大学時代を振り返ると、日本代表、イタリア、大学と、3つすべてをやり抜きたかったかといえば、実際はそうではなかった。「やりたい」という気持ちはもちろんあったけれど、それ以上に「やりたくない」という気持ちもあり、同時に「やらないと」という気持ちも強かった。

ケガが続いていたので、身体のことに関して意識を向ける機会も増え、試行錯誤を繰り返してきた。

実際にトレーニングやストレッチ、セルフケアも含めて、誰よりも気を遣って、気を配ってきた自信はある。

しかし、当時の状況を振り返れば、それらを圧倒的に上回る負荷がかかっていた。何とかしなければいけないとわかってはいたけれど、現実は難しかった。

何より次々予定が決まっているから、自分の意志だけでは動けない。

その現実と対峙《たいじ》したとき、もっと自分の身体や行動に責任をもって動けるようになりたいと考えるようになり、漠然と「プロ」という選択肢が芽生えた。

振り返れば初めて「プロ」という存在を意識したのは、イタリアに渡ってからだ。この国で、プロとしてバレーボールをする選手たちを見て、こんな生活もあるのかと初めて知った。

そして彼らのように、バレーボールに人生をかけ、覚悟を決めて取り組む選手たちが、オリンピックの舞台で全身全霊での勝負を繰り広げていた。

僕も自分の責任で戦うプロ選手として、世界の舞台で戦いたい。そのために、ケガをしない身体づくりをしたいし、しなければならない。

２０１８年３月、中央大学を卒業した僕は同じ年にプロバレーボール選手になった。

選択できるという自由を求めて

海外に行きたいからプロになったのかといわれれば、それは決して間違いではない。むしろ大きな理由の1つでもある。

これまでも日本人選手で海外に渡ってプレーをした選手はいるが、全員がプロ選手だったわけではない。

Vリーグに入って、所属した企業に籍を残したまま海外へ渡るという方法を選んだ選手も中にはいる。

大学を卒業するときに、僕も同様の選択肢がなかったわけではない。

実際に企業からも声をかけていただいて、海外でプレーしたいという僕の思いを尊重したうえで、それでもといってくれるところもあった。

でもなぜ選ばなかったかといえば答えは単純。自由でいたかったからだ。

もしもどこかの企業に所属して海外へ渡り、最初はそれでもよかったとしても、プレーや生活をするなかで、「自分はこのまま海外でプレーし続けたい」と思えば、当然、戻る選択肢は消える。

そうなったときに申し訳ないと思ったり、その対処をしたりしなければならないことが嫌だった。

何より、大学を卒業する時点では、「このチームがいいな」と思っても、1年後、2年後に同じように思うかはわからない。

そして、日本に帰ってプレーをしようと思ったときに、そのチーム以外に魅力を感じるチームも出てくるかもしれない。

もちろんプロは、そういったしがらみがないぶん、不安定さがともなう。

だからこそどちらを選ぶか、どちらのリスクを取るかは、自分次第だ。

僕は「安定」というメリットよりも、「自由」を選んだ。

そうなると、いちばん気を配らなければならないと思ったのが、ケガのリスクへの対応だ。

プロの選手と企業に属する社会人選手の大きな違いの1つが保障だ。

後者ならばケガは労災と認定されるけれど、前者は自分で責任を取らなければならないケースが多い。

試合中に生じたケガであれば、治療費をチームがもってくれ、すべて面倒を見てもらえるケースもあるけれど、ケガを理由に契約を切られることも大いにある。

僕自身もケガが多かったことから、自分の身体について、意識を高くもつようになった。

もちろん、プロであれ、企業に属する選手であれ、自分の成績や結果が自分に返ってくるのは同じこと。

でも、プロならば、何を選ぶか、どこへ進むか、という1つひとつの選択も自分に委ねられ、人のせいにはできず、自分の決定が周りに影響を及ぼすから責任もある。

選手生活は一生続くものではなく、時間も限られている。だからこそ、いちばんは、自分がどうなりたいか、どうしたいかだと思っている。

そのために考えることも、行動することも増えたけれど、それ自体が面白く、楽しんでいるのも事実だ。

会社員になって同じ生活をしながらバレーボールの目標を見つけて取り組んでいく自分と、毎年いろんな決断をしながら、いいことも悪いこともダイレクトに跳ね返ってくる環境で、自分自身を変えていける人生を歩む自分。

どちらの自分が想像できるかと考えたとき、僕は後者を選び、だからプロになることを決めた。

人生は一度きりだ。正しい、正しくないではなく、やりたいことをやろう。そのために自分はどうあるべきかを考えながら。

たとえその道が苦しい道だったとしても、自分で決めたのならば、自分で道を選択しながら進むこともできる。それもプロとして生きる魅力だ。

ケガをしたらどうしようと不安を抱くのではなく、これだけやってもケガをしたら仕方がないと思えるぐらい準備をしてプロ生活を送る。

僕は今まさに、そんな毎日を過ごしている。

もしも大きなケガをして、一生バレーボールができなくなったとしても仕方ないといえるようなプロとしての生活、人生を歩みたいと思いながら、今を生きている。

結果がよくても悪くても、自分で敷いたレールの上を自分で走っていけるのは、プロ選手でなければできないことだ。

だから僕は、自分の選択が正しかったと自信をもっていえるように、プロ選手としての生活を継続しているつもりだ。

つまずきの先に見えた気づき

再び当時の日本代表へ話を向けると、チームがなかなか固まらないまま2017年のシーズンを終え、2018年の日本代表が新たに始動した。

この年の一番のターゲットは、秋にイタリアとブルガリアで開催される世界選手権だった。

プロになった僕は、イタリアのシエナでプレーすることも決まっていたし、これまで3シーズンをイタリアでプレーしてきた1人の選手としても、結果を求める大会であるのは間違いなく、この大会で結果を出すことに照準を当てていた。

世界選手権に向けた選手選考、チームづくりをするための実践の場が、その年に新設されたネーションズリーグだ。

前年まではワールドリーグという名称のもと世界各国で行われていた大会で、日本でも数試合が開催される。

世界選手権の前哨戦《ぜんしょうせん》として、チームにとっても重要な大会であるのはわかっていたけれど、僕はといえば腰も膝も万全ではなかった。

試合や海外遠征が続けば、じっくりケアやリハビリ、トレーニングに取り組む時間がとれなくなるので、わがままとわかっていても自分のコンディショニングを最優先に考えた。そのため当初はネーションズリーグを戦う日本代表には帯同せず、合宿も世界選手権の直前まで参加しなかった。

コンディションも上がってきて、自分としてはそのときに考えられる万全の状態で合宿に参加した。

でも結論からいえば、チームに自分がハマっていないことを感じた。

当然といえば当然だ。チームとしてそれまで数カ月かけて合宿を行い、約3カ月近い間、試合も戦ってきたのだ。チームとしてどう戦うか、選手間のコミュニケーションを取り合うなかで、チームとしてのかたちはできていた。

そこにポンと僕が入る。すぐにうまくいくほど簡単ではないし、僕がやりたいことがチームとして目指す方向や、取り組むものとイコールであるとは限らない。

コンディションもそのときのベストまで仕上げたとはいえ、腰の痛みが完全に消えたわけではなく、世界選手権が始まってからもチームにフィットできないまま試合が進んでいった。

初戦は開催国のイタリアとの開幕戦、屋外の庭球場をコートとして急造したフォロ・イタリコでのナイトゲームという、それまで経験したことがない状況で戦った。そして結果は、最後まで感覚がつかめないままイタリアにストレート負けを喫した。

2戦目はドミニカ共和国に勝利したものの、スロベニア、ベルギーに連敗し、1次ラウンド突破の可能性がわずかに残されたアルゼンチン戦を迎えるも、僕はスタメンから外れた。

コンディション不良もあるとはいえ、総合的に見てそのときのベストメンバーではないと判断されたからだ。

思い返せば、世界選手権のときは自分の調子もよくない、チームにもハマっていない、やりたいこともできない。

すべてがうまくいかず、ストレスばかりたまるなかで、自分にメンタルの矢印を向けるだけだった。でも、当然、それではチームが勝てるはずがない。

1人の選手として、自分に矢印を向けて自分のパフォーマンスを上げるために考え、どう行動するのか。

そのこと自体は間違っているわけではないし、誰もが考える当然のことだ。しかし、自分のやりたいようにやるだけでは結果はついてこない。

バレーボールというチームスポーツで結果を得るために何をするべきか。世界のトップで戦う選手たちは、自分のプレーだけでなく、チームが勝つための行動やプレーをしている。そうやって得られた結果が、選手としての評価にもつながっている。

プロになって最初の年、2018年の世界選手権では、思いどおりの結果を得ることはできなかった。でも、それ以上に大切な気づきを与えられた年でもあった。

延期という予期せぬ事態

2021年、東京オリンピックに向かって進む日本代表で、僕はキャプテンに就任した。

代表は、2018年の世界選手権を終えて、2019年のワールドカップでは4位。2015年の大会とは異なり、ワールドカップではオリンピック出場権が得られなくなっていたため、出場国の半数近くがベストメンバーとはいい難い状況ではあったけれど、それでも勝つことは自信になる。

何より、2018年に日本代表へ初選出されて以後、日本のオポジットとして頭角を現した西田有志選手が、カナダとの最終戦では5本のサービスエースを含む6連続得点を決めた。

さらに、バックアタックを打つと見せかけて、トスを上げるフェイクセットが完璧に決まったのもこの大会が初めてだった。

「男子バレーが好調だ」という以前に、「見たこともないプレーを見せてくる」「何か変わった」と、ワクワクさせるきっかけが芽生えたのも、この年だったかもしれない。

キャプテンは柳田将洋選手だった。

リーダーシップもあって、勝負強いサーブや攻撃力もある。チームにとってみんなが納得するキャプテンでもあり、2020年の東京オリンピックでも、柳田さんがキャプテンを務めるのだろうと思っていた。

ところが、誰もが予期しなかった事態が生じる。

新型コロナウイルスの世界的大流行で、さまざまなスポーツの大会は軒並み中止になった。イタリアでのリーグ戦も試合前日や当日に中止が発表されることもあった。

それでもオリンピックは開催されるのだろうと思っていたけれど、感染拡大のリスクにともなって1年の延期を余儀なくされた。

たかが1年と思う人もいるかもしれないが、アスリートやチームにとって1年はとても早く感じると同時に、長い時間でもある。

飛躍的に成長を遂げる選手もいて、その代表格が東京オリンピックに出場した高橋藍選手だろう。

日本代表のキャプテンとして

2020年は日本代表としてもほとんど活動期間がないまま終わり、2021年のシーズンが始動した。

その年の初めに、僕は中垣内祐一監督から直々《じきじき》にこう言われた。

「キャプテンをお願いしたい」

迷わずに答えた。

「はい。わかりました」

正直な気持ちをいえば、中垣内監督に打診される前から、心の中では「キャプテンをやりたい」という気持ちがあった。

なぜなら、僕のなかではキャプテンという立場で責任を取るほうがやりやすいと思っていたからだ。

前述したように、中央大学の4年のときに僕はキャプテンだった。

でも、チームを離れている時間が長かったことや、それまでチームがつくられてきたことを考えて、「自分がキャプテンを続けたい」と主張しなかった。

その結果、試合に負けたとき、「自分はキャプテンではなかったから仕方がない」と言い訳をしている自分の存在が、たまらなく嫌だった。

人のせいにするのではなく、自分が責任を取る。

プロ選手としては当たり前のことを、チームに当てはめて考えた。キャプテンはそのチームの代表、チームを象徴する人である以上、責任の矛先《ほこさき》が向けられる立場でもある。

だからこそ、むしろ僕はそうしたいと思って、キャプテンをやりたいと望んでいた。

それまでもチームを勝たせるために自分は何ができるかと考えていたけれど、キャプテンという立場になって、それまで以上に考えるようになった。

勝つためにどうするか。チームとしてどんな目標を立てて進んでいくべきか。

まず始めたのは、1つひとつ気づいたことを口に出して伝えながら、コミュニケーションを取ることに努めてきた。

僕がキャプテンとして迎えた最初の大会は、2021年のネーションズリーグだった。コロナ禍で、制限があるなかで何とか開催された。

会場はイタリアのリミニという1カ所での開催で、ホテルも全チームが同じで外出はできない。

ただでさえストレスがたまる環境下で行われた大会は、東京オリンピックに出場する12名を決める、最終選考の場でもあった。

だからというわけではないけれど、僕はとにかく選手同士で話す機会を多く設けるようにした。

全員ではなくともアウトサイドヒッター、セッターと、ポジションごとに分かれて、ミーティングや会話をする機会をとにかく増やすようにした。

全体でのミーティングも、僕だけが話すのではなく、全員が話しやすい環境をつくろうと意識した。

いきなり「どう思う？」と問いかけても、沈黙してしまうのは目に見えている。できるだけ最初に自分の意見を述べてから、それぞれに「どう思う？」と問いかけて、みんなが思っていることを言えるようにした。

メンバー選考に対して不安を抱えている選手がいることも当然わかっていたので、僕はあえて口に出して言った。

「もしかしたらオリンピックは外れるメンバーもいるけれど、今この大会はこのメンバーで戦う大会だから、全員で目標を確認して、共有して進んでいこう」

当時の心境を考えたら、響かなかった選手もなかにはいたかもしれない。

でも、僕は伝えることを重視した。

そして、東京オリンピックに出場する12名が決まった。どれだけがんばっても選ぶのは選手ではない。スタッフ、監督が決めることだ。残酷だけど、それがトップの世界であり、日本を代表して戦う場所でもある。

落選した選手を見るのはつらかったし、余計な言葉はかけられなかった。

「ありがとう」

そう言うのが精いっぱいだった。けれど、僕らは次に進まなければいけない。1つ終えたらまた次の目標へ向けて。そんな日々の繰り返しだった。

第8章

オリンピックへの切符

真剣勝負で感じた世界との距離

2021年7月24日。無観客の中で僕たちは東京オリンピックの初戦、ベネズエラ戦を迎えた。

グループリーグは6チームずつ2組に分かれ、それぞれの上位4チームが決勝トーナメントへ進出する。

ベスト8を目標に掲げる僕たちにとっては、すべての試合が大切だ。だが、その中にも何が何でも絶対に勝たなければならないという試合があった。

それがグループリーグ最終戦のイラン戦だった。

とはいえ、まずは緊張をともなう初戦に勝つことができるかが重要だ。

たしかに、このチームでオリンピック経験者は清水邦広選手だけだったけれど、みんなやるべきことをやってきたという自信に満ち溢れ、不安を抱くことはまったくといってもいいほどなかった。

ベネズエラ戦では、最後の得点を、途中出場した藤井直伸《ふじいなおのぶ》選手と李博選手のBクイックで決めて3対0のストレート勝ち。

幸先《さいさき》よく1勝目を手にした僕たちは、次のカナダにも勝利した。

続くイタリア、ポーランドには負けたけれど、日本、イランともに２勝２敗で迎えた最終戦。最初の想定どおり、僕たちにとって最大の関門を迎えた。

1セット目の序盤から両チームは激しくぶつかり合った。互いの長所を出し合い、サーブで攻め、渾身のスパイクを放ち、ブロック、レシーブで応戦する。

1対2とイランに先行されながらも第4セットを日本が取り返し、15点先取の最終セットを迎えた。

日本のサーブから始まる第5セット、最初にサーブ順が回ってくるのが僕だった。考えていたことは１つだった。

「攻めるしかない」

トスの高さ、ヒットのタイミング、すべて完璧に近いかたちで放ったサーブは、２本続けてサービスエースになった。

絶好のかたちで始まった最終セットを、最後は西田選手のスパイクで15対13で競り勝ち、フルセットで勝利した日本が準々決勝、ベスト8進出を決めた。

イラン戦はまぎれもなくグループリーグで最高のパフォーマンスを発揮した試合だった。

イランの主将はシエナでもともにプレーをしたサイード・マルーフだった。

試合中は冷静に表情を崩すことがないマルーフが、日本戦で敗れたあとには泣いていた。決して大げさではなく、オリンピックは本当に、人生をかけた戦いだった。

準々決勝の相手はブラジル。バレーボールの世界で、ブラジルといえば誰もが知る世界の強豪、むしろ世界王者といっても過言ではない。

率いる主将のブルーノ・レゼンデはモデナでも主将だったことがあり、何もわからず渡った僕に対しても優しく、温かく受け入れてくれた選手だ。

ブラジル代表としてもクラブでも、数えきれないタイトルを手にしてきた、紛れもなく世界でも有数のキャプテンだ。

日本代表でキャプテンになってから、「目標とするキャプテンは？」と尋ねられるたび、僕はブルーノの名前を挙げてきた。

彼の人間性やリーダーシップはもちろん、チームを勝たせるためのプレー、行動へのこだわりは尊敬できるうえに、実際に勝利をつかみ取れるキャプテンがブルーノだったからだ。

そのブルーノ率いるブラジルとオリンピックで対戦する。

臆《おく》することなく、僕たちは１点目から全力で攻めた。力の差もそれほど大きく感じたわけではないし、全力は出し尽くした。

でも、１点が遠かった。そして、ここぞという１点をブラジルは確実に獲ってくる
チームだった。

競り合いながらも０対３で敗れ、僕たちの東京オリンピックは終わった。

悔しいという感情だけでなく、あれだけやっても届かないのかという無力感も押し寄せてきて、試合が終わると涙が溢れた。

試合を終えて、コートに整列する。そして、見上げるスタンドに観客はいない。

でも、会場で僕たちをサポートしてくれたボランティアの方々や関係者はいて、テレビや配信の向こうには応援してくれた人たちがいる。

あのとき、言葉を最初に発したのは藤井さんだった。

「せっかくだから、全員で挨拶しようよ」

チームの正セッターは関田さんで藤井さんはセカンドセッターで途中出場がほとん

どだったけれど、いつもチームを明るくしてくれるムードメーカーだった。

負けて、涙が止まらないなかでも、藤井さんの言葉が前を向かせてくれた。

ブラジル戦の負けはただの1敗じゃない。日本代表を強くするために、忘れられない、始まりの1敗だった。

まったく本質が違う2つの敗戦

キャプテンになってからの代表チームを振り返ったとき、東京オリンピックのブラジル戦は間違いなくターニングポイントといえる試合になった。

そしてもう1つ、今につながる「負け」試合がある。

2022年にスロベニアとポーランドで開催された世界選手権における、決勝トーナメント初戦のフランス戦だ。

東京オリンピックを制した王者で、2年後の2024年にはパリオリンピックが開催されるホスト国でもある。

世界選手権は、各国がベストメンバーで臨む試合の1つでもあった。

勝てばベスト8進出が決まる試合で、第1セットはフランスが圧倒的な力を見せつけてきた。

第1セットを17対25で落とし、そのまま意気消沈してもおかしくない状況を、僕らは楽しんでいた。

「やっぱつえーな」

と言いながら、それなら何が通用するか、そして自分たちは何をするべきかを、劣勢の中でも冷静に模索した。

第2セットを取り返し、第3セットはデュースの末に獲られたけれど、第4セットは再び取り返した。

東京オリンピックのイラン戦と同様に、フルセットへともつれ込んだ。

立ち上がり早々に髙橋藍選手や西田選手がスパイクを決めて4対1。15点先取であることを考えれば、3点リードは相当優位に立っているといえる。

ただし、相手はフランスだ。セイフティリードなど存在しない。

そして、まさにそのとおり、そこからフランスの猛追が始まる。逆転されたが、日本も粘った。

初めて、勝てる、と感じたチャンスが訪れたのが、15対14、日本が1点をリードした場面だった。

ミスをしないフランスがミスをした。しかも、スパイクボールをネットにかけたのは、あのガペことイアルヴァン・ヌガペトだ。

ここで勝たなければ勝てるチャンスはない、と誰もが思う場面で、僕にサーブ順が回ってきた。

いうまでもない。攻めることしか頭になかった。

「絶対に勝つ、必ず勝つ」

とだけ考えてトスを上げ、ジャンプしてボールをとらえる。

ヒットの瞬間、明らかに力んでいたのが自分でもわかった。ベストな位置よりも少し低い場所で叩いたボールはネットにかかり15対15。

まさに1点を争う展開のまま15点では決着がつかず、デュースが続いた。その後も互いに点を獲り合うなか、フランスが1点を挙げて16対17と逆にマッチポイントをつかまれた。

最後は西田選手がブロックに当てて後方まで飛ばそうとしたスパイクを拾われ、つないだ先にいたガペの素晴らしいスパイクが決まって16対18に。

あと一歩のところでフランスからの勝利を逃した。

東京オリンピックでのブラジルの敗戦と、世界選手権でのフランスの敗戦。

どちらも世界王者に負けたということに変わりはない。でも、この２つの負けには大きな違いがある。

ブラジル戦は、「これだけやっても勝てない」と力不足を突き付けられたのに対し、フランス戦は「勝てる」と思ったのに負けたということだ。

すべてを出し切れたかと問われたら決してそうではない。少なくとも僕は、最後のサーブで自分が打つべきサーブを打つことができなかったという後悔が残った。

きっとそれは僕だけでなく、最後のスパイクを決められなかった西田選手や、ほかの選手も同じだろう。

それぞれが「あそこで決めていれば」「あそこで拾えたら」と、具体的な悔やまれる１本がこびりつく試合になったはずだ。

あと一歩まで行きながら、勝ち切れない悔しさ。

「惜しかった」とか「いい試合だった」と言ってもらえることは嬉しかったけれど、

結果を求めるならば、ここで満足するわけにはいかない。

フランス戦に負けたとき、心から思った。

これからは勝っていくだけだ。僕たちに求められるのは勝利だと。

価値ある1勝と8年越しの受賞

世界選手権でのフランス戦後の決意をかたちとして見せたのが、翌年2023年に開催されたネーションズリーグだった。

6月6日、日本代表のネーションズリーグは名古屋で開幕したが、前半から好調だった。

名古屋での4連戦を4連勝で終え、フランスに会場を移してからも、カナダ、キューバ、ブラジル、アルゼンチンに勝って8連勝する。公式戦でブラジルに勝利したのは実に30年ぶりだったそうだ。

しかも、メンバーを固定するのではなく、オポジットの西田選手のコンディションが整わず、代わって入るかたちになった宮浦選手が大活躍した。

さらに、中国、オランダにも勝利して、10連勝まで勝ち星を伸ばしたが、イタリア、ポーランドに敗れて10勝２敗。

それでも上位８チームが進出するファイナルラウンドへコマを進めることができた。東京オリンピックのときはベスト８を目標としてきたが、世界選手権ではベスト４、ネーションズリーグではさらにその上を目指していた。

だから、準々決勝は絶対に勝たなければならない試合だった。

プレッシャーのかかる状況ではあったが、スロベニアに勝利し、準決勝でポーランドと対戦した。

第１セットは日本が先取したが、第2セットから盛り返したポーランドに屈し、最終的に１対３で敗れ、決勝進出を果たすことはできなかった。

大会によってはベスト4、決勝進出が決まった時点で2チームが3位で終了することもあるが、ネーションズリーグは勝敗のポイントが世界ランキングにも反映されるため、３位決定戦まで行われる。

メダルを獲れるチャンスがあると同時に、負けたあとの試合をどう戦うことができるか。

そして、個人的には、同年のシーズンにてミラノでプレーオフ進出を果たして準決勝まで進みながら敗れ、3位決定戦のときには前の準決勝ですべてを出し切っていて、何もできないまま敗れた記憶を払拭《ふっしょく》したいという思いもあった。

試合は2セットを連取した状態から、イタリアに2セットを返され2対2。大事な試合はこうもフルセットになるかというほど、この試合もフルセットへと突入する。

宮浦選手や山内選手のブロックポイントで先行し、14対9、マッチポイントの場面で関田さんから僕にトスが上がってきた。

あの場面で「打ちたい」と思っていたし、関田さんなら持ってきてくれるだろう、と思っていた。

何より、持ってきてほしかったし、僕は「自分が決める」と思いながらトスを待っていた。

「行け」とか、「2枚」とブロックをコールする声が聞こえるなか、十分な助走から攻撃に入り、相手のブロックを見ながら腕を振った。

15点目が決まり、日本の勝利が決まった瞬間、ベンチから選手もスタッフも全員が駆け寄り、全員で勝利の喜びを分かち合った。

ネーションズリーグは2カ月に及ぶ長い戦いで疲労もある。その状況で準決勝を敗れたにもかかわらず、「もう1つ」と切り替えて勝利をもぎ取れた。

何より、これまでは一度も届くことがなかったメダルという大きな目標を手にしたことは、シンプルに嬉しかったし、とにかく気持ちがよくて幸せだった。

そして僕はこの大会でベストアウトサイドヒッターに選出された。

チームとして表彰台に上がり、個人としても表彰される。

8年前のワールドカップとはまったく違う。心の底から、「やったぞ！」と誇らしい気持ちで、僕はその賞を素直に喜んだ。

監督とキャプテンの関係性

東京オリンピックを終えてから、ブランがコーチから監督になった。

キャプテンである僕は、おそらくこれまでのキャプテン以上に監督とコミュニケーションを取る機会が多いと自負している。

彼の母国語はフランス語だけれど、英語やイタリア語も堪能《たんのう》なブランとは、イタリア語で直接会話できるのも大きい。

チームのコンディションも含め、全体のスケジュールを直接伝えてくれるし、僕も選手のミーティングでどんなことを話し合ったか、問題と感じていることは何かをブランに伝えている。

チームとして戦ううえで、選手とスタッフが同じ方向に向かっていることは絶対的に大切で必要なことで、その最初の段階が監督とキャプテンだ。

コーチになった当初は、ブランがどんなことを考えて、何を求めているのかがわからないことも多かった。

しかし、今では深いところまで理解をし合えた状態で、いいコミュニケーションが取れて、いい関係が築けていると実感している。

たとえば、こんなことがあった。

日常のことだけでなく、選手選考に関しても僕はブランと話をすることがある。

選手を選び、決断するのは監督なので、どうしようかと相談されることはもちろんない。ただ、その前段階で、「この選手を呼んでみようと思う」「この選手がいいと思っているけれどどう思う?」ということは聞かれる。

日本では指導者と選手の関係がいわゆるトップダウンで、監督の言うことは絶対、という図式が多いなか、意見を求めてくれることには感謝しているし、だからこそ僕も僕の意見として、思うことは伝えるようにしている。

昨年のネーションズリーグを終えて、チームにとって最大の目標と掲げてきたパリオリンピック予選に向け、メンバーをどうするか。

そのタイミングでブランからセッターに新たな選手を呼びたいと提案された。

もちろん、チームにとってそれがベストと思って監督が判断しているのだから、そこに異論はない。

ただし、選手の立場としては突然パッと入ってきた選手がすぐにチームへフィットして活躍できるわけではないということは、自分自身の経験も踏まえてわかっている。とくにセッターはアタッカーとコンビを合わせる技術やコミュニケーション力も求められるポジションだ。

一度もプレーしたことない選手と、いきなりオリンピック予選でプレーする、というのはあまりにハードルが高い。僕は素直にその思いをブランに伝えた。

「僕は彼のトスを打ったこともないし、人柄も、どうやってコミュニケーションを取るのかもわからない。だから、もしも入れたいと思うならば、早い段階からチームに合流させてほしい。そうしてもらえればトスが合う、合わないという修正点や改善点も含めて、コミュニケーションの取り方や人柄も把握できるから、できるだけ早く、彼を呼んでほしい」

そのやり取りがどれだけ反映されたかはわからない。でも、僕はモヤモヤしたままただ受け入れるのではなく、自分の思い、チームの思いを伝えることができたので、そのやり取りのあと、ブランが選考した山本《やまもと》龍《りゅう》選手がアジア選手権の前からチームに帯同して、オリンピック予選にも出場した。

ほとんどの試合は関田さんが上げたけれど、龍がプレーした時間もある。彼は、彼がやるべき仕事は果たせていたはずだ。

何より、チームとしてオリンピックの出場権を獲得するというもっとも大きなミッションを果たすことができた。

ブランが僕を信頼して話をしてくれたことに感謝しているし、何より僕も、信頼する監督と一緒に、同じチームで仕事を果たせることをとても幸せに思っている。

自分にできないことは仲間に委ねる

東京オリンピック、世界選手権、ネーションズリーグと、そのときどきに必要なステップを踏み、着実に成長しながら、最大のターゲットであるパリオリンピック予選を迎えた。

今振り返っても、本当に苦しく、大変な戦いだった。

ネーションズリーグでのメダル獲得も相まって、世界ランキングも上昇していた。大会前から「今回のオリンピック、行けるでしょう」と期待を寄せられることはありがたかったが、何が起こるかわからないのが最終予選だということは、2016年に体験している。

何より、男子大会の前に開催された女子大会でも、世界ランキングでは上回るチームが敗れ、出場権を逃すところも見た。

どれだけ世界ランキングや、ここ数年の対戦成績で上回っていようと、侮《あなど》ることはできないし、勝負の世界には絶対はない。

大げさではなく、初戦から負ける可能性だってあることは覚悟はしていた。

その予感が現実になってしまったのが、2戦目のエジプト戦だった。

まず、自分自身のことをいえば、大会前から腰の状態が万全ではなく、全体練習に参加したのも直前で、ジャンプやスパイクも本来の状態には程遠かった。

それでも試合になればやれるだろうとは思っていたが、初戦のフィンランド戦は自分が思い描くパフォーマンスには程遠く、まったくスパイクが決められなかった。

その結果、苦戦を招いてしまい、2対0でリードしたところから2セットを奪取され、フルセットの末に辛勝《しんしょう》を収めた。

悪いところは出し切ったと安堵していた2戦目のエジプト戦。

2セットを難なく取り、今日こそ行けると思ったところから、前日同様2セットを落としてフルセットへ。

前日とまったく同じような展開をたどっていることに加えて、僕が恐れていたのは、この試合で調子が上がらず、途中で交代を命じられた関田さんの気持ちが切れているように見えたことだった。

3セット目を落としたあと、4セット目に山本龍選手と代わってベンチにいた関田さんに向けて僕は、

「セキさん、準備しておいてね」

と言った。いつもならば、

「オッケー」

と返ってくるはずが、そのときの関田さんは首を横に振った。

その姿を見て、初めて、

「ヤバい、負けるかもしれない」

と思った。なぜなら、関田さんはこれまでどんな状況でも崩れず、むしろ、チームを立て直してきた、欠かすことのできない存在だったからだ。

その関田さんの気持ちが切れてしまっている時点で、どうなるかわからない。

案の定、第5セット目も関田さんをコートに戻すことなく、山本選手のまま試合は進んでいく。

何とか巻き返したけれど届かず、フルセットの末にエジプトに敗れ、会場には明らかに失意の空気が漂っていた。

取材対応を終えてホテルに戻ってからも、食事の席に関田さんは現れなかった。大学時代からずっと関田さんと一緒にやってきて、一度、気持ちが切れてしまったら、どれだけ話をしてもなかなか聞き入れないこともわかっている。

そこで僕が「チームのキャプテンだから」としゃしゃり出るよりも、普段から仲の良い（髙橋）健太郎さんや山内さんに託したほうがいいと思い、2人を頼った。

その選択が吉と出て、限られた時間のなかでも腹を割って話せる健太郎さんや山内さんのおかげで、翌日のレストデーを挟み、チュニジア戦前の練習に現れた関田さんを見たら、スッキリした表情をしていた。普段どおりの表情と振る舞いを見せながら、関田さんが僕のところにきてこう言った。

「祐希、一昨日《おととい》、ごめんね」

エジプト戦のあと、選手全員がコートで輪になった。

「切り替えて次に臨もう」と、僕はキャプテンとしてそう話そうとしていたけれど、僕が「セキさん！」と呼び止めたにもかかわらず、1人で帰ろうとしたので、僕は関田さんの腕をつかもうとした。

でも、関田さんはその手を振り払ってそのまま行こうとした。そのことに対する

〝ごめんね〟だった。

「全然気にせず、行きましょうよ」

もう大丈夫だ。僕は心底安心した。


とはいえ、その後も激戦は続く。チュニジアにはストレート勝ちを収めたけれど、続いて対戦するトルコ、セルビア、スロベニア、アメリカは、どこも強豪ばかりで、すべてのチームにオリンピック出場の可能性がある。

関田さんが元気になったからといって、「行ける」保証はないし、何より僕も自分のコンディションを上げることに精いっぱいだった。

でも、不安はなかった。チーム全員の士気が高まってきたことに加えて、エジプト戦翌日のレストデーで、選手だけのミーティングをしたときに西田選手が発した言葉が力になっていたからだ。

「今は悪いところを見すぎているけど、もっともっといいところもいっぱいあるから。だからこれからは、いいところに目を向けようよ」

そのとおりだと思った。ここまでどんな相手にも勝てる、戦える、という自信があったぶん、エジプトに負けたのはショックでダメージを受けた。

でも、たったの1敗しただけだ。悪いところばかりに目を向けていたけれど、いいところだってたくさん出ている。

今までどおり、いつもどおりにやれば絶対に勝てる。完全に気持ちが切り替わって、前を向いていた。

みんなでオリンピックへの切符をつかむ

こうなると日本代表は強かった。

そのことを証明するように、チュニジア戦からの3試合をすべてストレート勝ちで、スロベニア戦もストレートで勝利すればパリオリンピック出場が決まると知った。

出だしはスロベニアにリードされて、「ストレート勝ちは厳しいかもしれない」と思ったけれど、1人ひとりに焦りはなく、むしろ心に余裕があった。

だから、僕も1対6まで点差が開いた場面でブロックを決めたときには、「俺がチームの流れを変えたぞ」と心の中で笑う余裕があった。

第1セットを逆転の末に25対21で制し、第2セットも25対22で獲った。

勝利まで、オリンピック出場まで、あと1セットになった。

気負いなく、ただ1点ずつを積み上げることだけを考えていた。

だから、自分で獲った1点でも、ほかの誰かが獲った1点でも、変わらずに叫び、ベンチに向けて、会場に向けて、「やったぞ!」と拳《こぶし》を突き上げていった。

そして、24対17。日本のマッチポイントの場面で、僕にサーブ順が回ってきた。

同じ状況で、世界選手権のフランス戦のときは、

「絶対にここで自分が決めてやる」

と考えすぎた結果、力んでネットにかけ、結果的にそのあとチームは敗れてしまった。

あのときとは違う。点数の余裕もあったけれど、何より、気負いが一切なかった。

もちろん、どんなときでも、「この1本で決める」と思う気持ちに変わりはない。

でも、力まず、たとえこの1点で決まらなくても、次で決めればいいのだ。

だから思い切って、自分のベストサーブを打つだけだと心を整えた。

タイミングもトスも、完璧の状態で放ったと思えたサーブは、エンドラインを割っ

て24対18になった。

スロベニアのサーブから始まるマッチポイントを、どこから決めるのか。

見ている人はいろいろな想像をしてワクワクしていたかもしれないけれど、僕は冷静に、「サーブレシーブをしっかり返そう」ということしか考えていなかった。

次の瞬間、スロベニアのサーブがエンドラインを割って25対18。

セットカウント3対0で日本の勝利が決まった瞬間、喜びが爆発したというよりも、僕は安堵した。

「勝った。終わった」

僕たちは、パリオリンピックの出場権を手に入れたんだ。

チームを代表して、オリンピック出場の記念品となる帽子と「GO TO PARIS」とパリ行きのチケットを模《かたど》った大きな目録を渡され、チームの全員に、そして、会場中に「やったぞ」

と思いを込めて大きく掲げた。

「日本代表は強いね」「面白いね」といろいろな言葉をかけられるたび、素直に嬉しく思う。

そして「いいチームだね」と言われることも嬉しく思う。

何より僕は、僕が求めてキャプテンをやってきたし、そこで結果を出したいと思ってここまでやってきた。

僕がこのチームをつくったなんてことは決して思っていないし、何かを成し遂げたわけでもない。

みんなでチームつくって、みんなで成し遂げてきた。

ただ、できることならば、その中心として先頭を走っていたい。

自分が進むべき道へ舵《かじ》を切っているという自負はある。

ただの仲良し軍団ではなく、１人ひとりが自立して、やるべきことを果たす仲間であるからこそ、このチームができあがった。

いや、まだできあがったとはいい切れない。

完成に向けて進化を続けているチームだ。

この先もどのように進化して、変化して、成長を遂げていくのか。

チームをつくる１人として、僕自身もとても楽しみだ。

第9章

頂の景色を求めて

世の中に与える影響まで意識する

パリオリンピックの出場権を獲得した試合は、テレビで生中継されたことや、エジプトに負けたあとからの連勝で劇的だったことも重なって、多くの注目、関心が集まった。

ありがたいことに試合が終わってからも、男子バレーを取り上げていただく機会も増え、ネーションズリーグでメダルを獲ったとき以上に、「男子バレーが面白いね」「男子バレー強いね」という声をかけてもらう機会が増えた。

誰かに認められるためにやっているわけではないけれど、がんばってきたことが結果につながり、多くの方々に伝わって、嬉しい言葉や反応に触れられる。

1人の選手として、何よりありがたいと思う瞬間だ。

そのために、不可欠な存在が、やはりメディアだ。

オリンピック予選の最終戦、アメリカとの試合が終わった直後の記者会見で、僕は記者の方々に向けて、

「長期間にわたって取材していただき、取り上げていただき、ありがとうございました。みなさんがいなければ、いくら僕たちが結果を出しても伝わることはありません。感謝しています」

と素直な気持ちを伝えた。僕だけでなく、今は日本代表もプロ選手が増えたので、髙橋藍選手や西田有志選手も、つねに同様の言葉を口にする。

選手もメディアの方々も、プロとして仕事をする以上、感謝を伝えることも大切なことだと思っている。

日本代表戦を終えて、日本国内だけでなく、イタリアでの試合結果もテレビや新聞、雑誌でも伝えられていると聞いて、本当に嬉しく思う。

取り上げられること、注目してもらえること、ファンが増えることは、プラスでしかないと思っている。

もちろん、結果がすべての世界だ。オリンピックの出場権を手に入れたという結果があるからこそ取り上げてもらえている。

そのことを選手は忘れてはならないとも思っている。

世の中にはたくさんのスポーツがあるのだから、バレーボールばかりが取り上げられるわけではない。

日本でも人気のある競技はたくさんあるし、世界的に活躍している選手もたくさんいる。

選手からすれば、いいパフォーマンスをする、結果を出すために、必死でがんばっているけれど、すべてを取り上げてもらえるわけではない。

当然ながら露出の機会が限られれば、バレーボールを知る人も少なくなる。どんなときでも応援してくれる方々がいることは、とてもありがたいことだ。

そのうえで、広い対象、とくに僕は子どもたちにバレーボールの魅力や面白さを伝えることで、競技に興味をもってもらいたいという思いを強く抱いている。

そのためにもまずは、知ってもらえなければ子どもたちが競技をやってみようと思うきっかけにはつながらない。

今、僕や髙橋藍選手が海外にいて、そこで結果を出せば、海外の情報も日本に発信されるきっかけになる。

そのニュースを通して、イタリアにバレーボールのリーグがあることを知り、イタリアでプレーするすごい選手たちのプレーに触れ、日本だけでなく世界へも目が向くかもしれない。

今はインターネットで世界のトップ選手の動画を見たり、配信で海外リーグを見たりできる時代だ。

もしかしたら将来、今の僕たちを見てバレーボールを始めたという子どもたちも出てくるかもしれない。そうやって競技人口が増えていけば、有望選手もどんどん増えるだろう。

それはバレーボール界にとっては素晴らしいことだと思うし、プロ選手としては自分が成果を出すことはもちろんだが、そこから広がっていく世界をつくることも大事な仕事だと思っている。

もちろん、ときには取材や撮影のために、貴重な休日を使わなければならないことだってあるだろう。なかには休みたいとか、もっと自分の自由な時間がほしいと思う人もいるかもしれない。

でも僕は、メディア対応も大事な仕事だと思っているので苦にならない。

むしろ、それもプロ選手として、自分のため、バレーボール界のために果たすべき役割だと思っている。

何より今、僕は日本代表のキャプテンである以上、僕の振る舞いや行動は、イコール、日本の男子バレーの代表でもあるという自覚がある。

インタビューの受け答えや、日常の行動、その1つひとつを小学生、中学生、高校生、大学生、Vリーグ、すべてのバレーボール選手に見られていると思っている。

少し大げさに聞こえるかもしれないけれど、その手本になるような存在でありたいと考えている。僕が取材に応じるときに、暗いトーンでつまらなそうに話していたら、もしくは、面倒くさそうに、偉そうに話していたら、それを見た子どもたちも、「石川選手だってああなのだから」と同じようにするかもしれない。

それがバレーボール選手の印象として広がっていく可能性だってある。

もちろん、僕も人間なので、ごくたまにあるルールを逸脱するような方法での取材や、質問には内心でイラッとすることもあるし、嫌だなと思うこともある。

でも、それにも可能な範囲で応じることで、プロとしてどう仕事をするか、ということを示しているつもりだ。

自分の行動が将来を担う選手たちの行動にも影響があると、身を引き締めて、これからも真摯《しんし》に向き合っていきたい。

目指すべき環境に飛び込めばいい

ここまで触れてきたとおり、僕は18歳でイタリアのモデナに渡ったことで、人生が変わるきっかけを得た。

そのときの出会いや気づき、得られた刺激や縁と運がつながって、あれから9シーズン、イタリアでプレーすることができた。

今は僕だけでなく、海外でプレーする選手は各段に増えた。

2023－2024シーズンは、同じ日本代表の髙橋藍選手や宮浦健人選手、山本龍選手が、それぞれイタリア、フランス、ルーマニアで主軸としてプレーをした。大学生の甲斐優斗《かいまさと》選手も宮浦選手と同じパリでプレーして経験を積んだ。

オリンピック予選には出場していないけれど、同じ日本代表の築城智《ついきさとし》選手もドイツのベルリンでプレーして、チャンピオンズリーグにも出場している。

アジアやヨーロッパの国々を見渡せば、男女ともに日本人選手が増えたし、専修大学の甲斐選手だけでなく、早稲田大学の麻野堅斗《あさのけんと》選手、中央大学の笹本 穏《ささもとやすき》選手もイタリアで練習生として経験を積んだ。

これはあくまで僕の持論だが、海外へ行くのは早ければ早いほうがいい。なぜか。そもそも物事を決断して動き出すのは早ければ早いほうがいいし、語学の習得も圧倒的に早くなる。

日本での常識で考えるだけでなく、世界へ視野を広げれば、ヨーロッパでは、大学1年生や高校3年生でも、プロチームに参加している選手がたくさんいる。日本では、その年代の選手が海外へ行ったり、日本代表に入ったりすると特別視されるが、海外のプロの世界では当たり前のことだ。

もちろん、日本の高校や大学のレベルも上がり、学べることもたくさんある。そのなかで、高い意識をもって過ごすことだってできるはずだ。

でもそれ以上に、海外に渡ってレベルの高い環境に身を置けば、「ここで生き残るためにはどうすべきか」と、おのずと努力するようになり、意識も変わるはずだ。

そもそも大前提として、プロの世界で生きる人間に、意識が低い選手などいない。僕がモデナにきたころと同じように、何もわからない状況でそこに置かれたとしても、環境によって人は学び、そして変わる。

逆に、どれだけ意識を高くもっていたとしても、周りの意識やレベルがそれほど高くなければ、気づかぬうちに自分もそのレベルに合わせてしまう。

実際、僕自身もイタリアから日本に帰ってきてから、意識や環境の違いを難しいと感じたこともあったからいえるところもある。

もちろん、誰もがプロのバレーボール選手として生きていこうとするわけではないし、大学を卒業したら指導者になりたい、という人もいるだろう。

目的はさまざまなので、選ぶ道も人それぞれ違って当然だ。

でも、バレーボールを極めたいと思っているならば、できるだけ早くトップレベルの環境を知ることはとても大切だと思う。

周りにいる人たちがポジティブならば、自分もその影響を受けやすく、反対にネガティブな人が近くにいたら負の影響を受けやすい。

環境を自分で選択する。その力をもつことはとても大切だ。

楽しみながら結果を求める

僕はバレーボールが大好きだ。

だからバレーボールをしているだけで楽しい。

でも、そんな僕でもときには楽しくない、しんどいと感じることもある。

だけど、どれほどうまくいかないことや、苦しいことがあっても、やっぱり僕はバレーボールが好きで、もっともっと、自分が求める世界へと近づいていきたいと思うから、そのためならば時間も物事も犠牲にできる。

2024年7月、いよいよパリオリンピックが開幕する。

男子バレー日本代表としてコートに立つのは12名だ。

この本を書いている時点で、メンバーはまだ決まっていないけれど、誰が選ばれたとしても間違いなく力のある選手がそろっていると、自信をもっていうことができる。

とはいえ日本代表として結果を得られたわけではない。

ネーションズリーグで初めて銅メダルを獲り、オリンピック出場がかかった予選でその切符を手に入れることができただけだ。

その現実を踏まえたうえで、過信しているわけではなく、冷静に海外の選手と日本の選手を見比べたとしても決して見劣りせず、チームとしても力があると自信をもっていえる。

もちろん、高さという点では圧倒的に劣っているが、簡単に負けないチームになっているというのは、実際にプレーをしていても感じている。

そんな日本代表のプレーやバレーボール自体を「面白い」と感じてくれる人たちが増えているのはとても嬉しい。

『ハイキュー!!』に代表されるマンガやアニメの影響もあって、日本だけでなくほかの国の方々からも日本のバレーボールを応援してもらえることは、本当にありがたいことだと思っている。

そして何より、日本代表のなかでプレーしている僕自身が、日本代表のバレーボールは本当に楽しいし、面白いと思っている。

プレーしていても全員が楽しんでいるし、それが見ている人たちにも伝わり、結果にもつながっている。

今まではなかなか得られなかった理想に近づいているという実感もある。選手は1人ひとり目標を立てて取り組んでいるし、その過程を楽しめている。だから「個」も強くなるし、チームとしても強くなれる。

日本代表として世界と戦う今も、いいプレーができたときは嬉しいし、できなかったことがどんどんできるようになる成長の過程を味わえることは、何よりの楽しみだ。そしてプロである以上、当然、結果も求められる立場で、結果こそが僕たちを評価するものであるということもよく理解している。

バレーボールに限らず、最近はスポーツを「楽しむ」という風潮がとても強い。それはいいことだけれど、ただ楽しく、遊びの感覚でやっているだけで、結果が得られる簡単な世界ではない。

もちろん、だからといって「勝つためには苦しまなければダメだ」というのも違う。大切なのは、自分がどんな結果を求めて今がんばっているのか、その結果を得るために、どんな努力をするべきなのかを意識することだ。

なりたい自分、将来をイメージしながら試合や練習をすれば、うまくいかなくて苦しいことも、乗り越えてできるようになり、必ず楽しくなる。

好きなことが仕事になって、毎日毎日、時間とエネルギーを費《つい》やして取り組むことができるのは本当に幸せなことだ。

でも、だからこそ、この幸せな環境に満足することなく、もっともっと目指している頂に向けて登り詰めていきたい。

まだまだ今は、その道の途中だ。

まだ見ぬ頂の景色を目指して

夏のパリオリンピックが終われば、12月には29歳になる。

年齢を意識することはそれほどないけれど、周りからは人生設計について聞かれることも多くある。

そのたびに僕はそれなりに答えを返すけれど、正直にいうと先のことはほとんど考えていない。

なぜなら、現役をいかに長く続けられるかということしか、今は頭にないからだ。

選手生活が終わったあと、どんな人生を送るのか、何をするかということは、まったくといってもいいほど考えていないというのが紛れもない本心だ。

それで大丈夫かと思う人もいるかもしれない。でも僕は大丈夫だ。

なぜなら、本気になれば何とかなる、何でもできると思っている人間だからだ。

もちろん、現役選手として試合や練習に向けて準備をするように、何をするにしてもそのための準備は必要だ。

でも今は、まだ見えない。

バレーボール選手を終えたあとの将来に向けての準備よりも、バレーボール選手として成し遂げたいことに向けた準備をするだけで精いっぱいだ。

どこまで現役選手を続けられるのか。35歳になったらどうなるか。さすがに40歳まではやっていないかな、とたまに考えることもあるけれど、先のことはわからない。

毎シーズン、毎日ベストを尽くして、その結果がどこまで続いていくのか。

そもそも僕は今、バレーボール以外のことに興味がなく、バレーボール以外のことが考えられないから、無理に考える必要はないと思っている。

同世代には、結婚して、子どもにも恵まれている仲間もいる。

幸せそうな生活を見ていると、素直に「いいな」と思うし、自分も結婚したいな、と思うことはあるけれど、今は現実的ではない。

タイミングがきたら結婚もすると思うが、何より1人でできるものではなく、そう思える相手に出会えて、タイミングが合って、初めて成り立つものだと思う。

僕が「このタイミングで結婚する」と決められるものではないので、「まあ、そのうちでいいか」というのが正直な気持ちだ（笑）。

何より自分の生活を見返すと、完全にバレーボール優先であるのは否《いな》めず、睡眠や食事、休息時間もすべて自分のペースで、すべてバレーボールにつながっている。

僕自身、生活のリズムを簡単に変えられるタイプではないので、誰かと生活することになってそこが変わってしまうとどうなるんだろうと思ってしまうし、そもそもバレーボールのシーズンが始まれば、チームメイトや関係者以外、ほとんど人と会う機会もない生活で、自分から積極的に会いに行こうとも思っていない。

もちろんオフシーズンは、友達と会ってリラックスした時間を過ごすこともあるけれど、結婚となればまた別の話。時間、タイミング、相手がいて成立するものだ。

結婚もしていないし、する予定もないのに偉そうなことを語っているけど（笑）、僕は今、選手として本当に充実した、成長できる時期を迎えていると実感している。

だからそのことだけにフォーカスしていきたい。

そして、1人の選手として自分を高めていくことはもちろん、バレーボールの将来を考えて、子どもたちや若い人たちのためにできることを行って、残して、つないでいきたい。

もちろん、選手として抱く目標をつかみにいく。

日本の方々だけでなく、世界中の人たちの記憶に残る選手になることも僕の目標だ。どれだけトライできるかはわからない。でも、今の身体の感覚としては、24歳、25歳ぐらいだと感じているので、まだまだ伸びしろはあると思っている。

先は長いし、自分がどんなパフォーマンスをして、どんな結果を残せるかということを、誰よりも自分自身が楽しみにしている。

イタリアでプレーするプロ選手としては、セリエAやチャンピオンズリーグで優勝してMVPを獲ること。

そして、日本代表選手としては、パリオリンピックで金メダルを獲ること。

それが今の僕にとって現時点の最大の目標、最大の頂だ。

日本代表に選出されてから、さまざまな国際大会に出るたびに、「メダル」を期待されていることを実感してきた。

だけど僕は、実際に狙える位置にいないときは、「メダルが獲れるようにがんばります」と言ったことはあっても、「獲ります」とは言えなかった。

でも今は違う。オリンピックでメダルを獲れる位置にいると実際に思っているので、そこにトライしたいし、それだけの覚悟がある。

2023年の東京でのオリンピック予選以上に、オリンピックの本番は何が起こるかわからない。

グループリーグの予選で負けることだってあるかもしれない。

何事もやってみなければわからない。

それでも僕は自信をもってこう言える。

メダルを獲るために、本気で挑みます、と。

だから、あとはやるだけだ。

覚悟をもって、すべてをぶつける。

必ず「できる」。

誰よりも信じている、自分を。

エピローグ

２０２４年４月、イタリアでの９度目のシーズンを終えた。

結果は３位で、昨シーズンを１つ上回ることができた。

３位決定戦はレギュラーシーズン１位のトレンティーノ。間違いなく強い相手に対して、「勝てば３位」という試合で自分自身も納得のいくプレーができて、勝利をつかみ取れたことはよかったと思っている。

でも、満足しているかといえばそうではない。むしろ「嬉しい」と思う気持ちも、正直に言えばない。

なぜか。僕は本気で優勝を目指して戦ってきたからだ。

ミラノに入ったのは２０２０−２０２１シーズン。当時は世界中がコロナ禍で、観客を入れずに戦う無観客試合も含め、多くの制限がある中で開幕し、シーズンを戦い続けた。

当時のミラノは決してセリエＡの強豪というべきチームではなく、トップ４を追いかけるチームの1つという印象だったけれど、監督や集まる選手に魅力があり、僕はミラノでプレーすることは当時の自分にとってベストな選択だと思って選んだ。

そして、4年が過ぎた。

決勝進出することはできなかったけれど、1年目はCEVチャレンジカップで優勝。2年目からはコッパ・イタリアでセミファイナルに進出し、3年目はコッパ・イタリアに加えてリーグでもセミファイナル進出。

そして、4年目には3位と、着実にステップアップを遂げることはできたと思っている。

3位に入ったことで、来シーズン、ミラノはチャンピオンズリーグへの出場権を得ることができた。これはミラノというクラブにとって初めてのことで、大きな一歩でもある。

日本人選手として初めての挑戦を重ねてきた僕にとっても、クラブとして初の挑戦につながる快挙に貢献できたことは、素直によかったと思うし、来シーズンのチャンピオンズリーグでどんな戦いをするのかとても楽しみだ。

ただ、僕はそのときミラノにはいない。

今夏のパリオリンピックを終えて迎える2024-2025シーズン、僕はペルージャで開幕を迎える。

コッパ・イタリアも、リーグも制した紛れもなく最強チームであり、それは「イタリアの」という枠のみでなく、「世界の」トップ・オブ・ザ・トップというべき、最強チームだ。

プロ選手として活動していくうえで、求めるのは安定よりも飛躍、さらなる頂に向けて進んで行くことだ。今の石川祐希という選手が評価されて、オファーされたことを素直に嬉しく、とても光栄なことだと思っている。

ミラノは素晴らしく、チームメイトやスタッフ、サポーター、街の人たちと、たくさんの素晴らしい方々に出会えた時間はとても大切な日々だ。

バレーボール選手としても成長を遂げる時間であったのは間違いないし、その最後のシーズンで、チャンピオンズリーグに出場できる3位という結果を残せたことに対して、最低限の恩返しをして、残せるものは残せたという気持ちがある。

もちろん、優勝を目指して戦っていたので、すべてをやり尽くせたかといえば、すべてできたわけではないかもしれないけれど、やるべきことはやった。

ここから、また新たなステージでの戦いが待っている、と自負している。

これまでも、そのときどきで、さまざまな目標を立てて挑戦してきた。

初めてイタリアへ渡ったころは少しでも試合に出たいと思っていたところから、プレーオフ進出や優勝と目標もどんどん上がってきて、まさに今、自分のキャリアを振り返っても高みにいると思っている。

何と言葉にすればいいのかわからないけれど、でも、これは大きな挑戦のすえにたどり着いた1つの成果ともいうべき場所である。

まさに、ここから――。

日本で、イタリアで、さまざまな経験を重ねてきた。そして今、日本代表でもセリエAでも目指すのは優勝だけ。だから、僕はつかみに行くだけだと思っている。

ペルージャもイタリア王者としてチャンピオンズリーグに出場する。出るだけでなく、優勝する力のあるチームで、そこで優勝につながる働きができれば、MVPを獲ることもできる。これまで描いたチャンスをつかむことができるチームだ。

まずはチーム内のメンバー争いに勝って、ポジションをつかむこと。やるべきことはたくさんあるけれど、挑むべき場所であり、環境はすべてそろった。

あとは頂を。優勝を目指して、つかみにいくだけだ。
いよいよ、7月には、パリオリンピックが開幕する。
日本代表のキャプテンとして、目指す目標がある。
そして、石川祐希という1人のバレーボール選手として抱く目標がある。
だから僕は、僕が目指す頂に向けて挑み続ける。
まだ見ぬ景色を見るために。
まだ知らない世界を知るために。
挑戦は、これからも続いていく。

二〇二四年六月

石川祐希

石川祐希（いしかわ・ゆうき）

1995年12月11日、愛知県岡崎市生まれ。姉の影響で小学校4年生の時にバレーボールを始める。高校時代は、エースとして活躍し史上初の2年連続高校三冠（インターハイ・国体・春高バレー）を達成。中央大学進学後から当時史上最年少で全日本代表入りを果たす。さらに、日本の大学生として初めて世界三大リーグであるイタリア・セリエAでプレーし、大学卒業後は、プロとしてイタリア・セリエAのクラブに所属。プロ3シーズン目には所属チームのミラノでカップ戦優勝を果たし、自身初のタイトル獲得を経験する。2023－2024シーズンは、プレーオフでミラノ史上最高順位となる3位を獲得。2024年5月、さらなる飛躍を目指し、世界的な強豪チームのペルージャへ移籍した。日本代表としては、2021年からキャプテンとしてチームを牽引。2023年のネーションズリーグでは国際大会46年ぶりとなるメダル獲得。同年のワールドカップ兼オリンピック予選では、グループ2位の成績を収め、16年ぶりに自力でパリオリンピック出場権を摑んだ。そして2024年7月、パリオリンピックの頂点に挑戦する。

Instagram：https://www.instagram.com/yuki_ishikawa_official/

X：https://twitter.com/yuki14_official

SPECIAL THANKS
公益財団法人日本バレーボール協会　垣谷直宏　南亮輔
株式会社世界文化社　後藤明香
Power Volley Milano

STAFF
構成　田中夕子
撮影　平野敬久
装丁　須永英司　佐藤優衣（grassroad）
校正　青山純子　内藤栄子　安部千鶴子（美笑企画）
組版　キャップス

編集　苅部達矢（徳間書店）

承認番号　JVA2024-05-048

頂《いただき》を目指して

第1刷　2024年6月30日
第5刷　2024年8月10日

著者　石川祐希
発行者　小宮英行
発行所　株式会社徳間書店
〒141-8202 東京都品川区上大崎3-1-1 目黒セントラルスクエア
電話／編集 03-5403-4344　販売 049-293-5521
振替／00140-0-44392
印刷・製本　TOPPANクロレ株式会社

ISBN978-4-19-865839-7